M A'

REPUBLIQUE

Le manuscrit de cet Ouvrage était entierement achevé le premier Janvier 1791, il n'a pu être livré à l'impression que le 15 Avril de la même année.

MA RÉPUBLIQUE

Auteur, PLATON.

Éditeur J. DE SALES.

TOME I.

Ouvrage destiné a être

publié

L'an M. DCCC.

Je me nomme à la tête de cet écrit, parce que même en ma qualité de simple éditeur, il y a du péril pour moi à l'avouer.

Lorsque la presse était esclave, et que j'ai voulu être libre dans la *Philosophie de la nature* et dans *l'Histoire des hommes*, j'ai cru inutile de surcharger d'un vain nom le frontispice de ces ouvrages ; ils étaient faits pour aller sans cet orgueil puérile à la gloire ou à l'oubli ; cependant lorsqu'un gou=

Tome I.   A

vernement oppresseur s'est alar-
mé de leur succès, lorsqu'on a
voulu me punir d'avoir précédé
de vingt ans l'époque brillante où
nous venons d'entrer ; j'ai cru
qu'il était de mon devoir de me
nommer aux tribunaux qui s'é-
taient chargés de me proscrire.
Quelqu'absurdes que soyent les
loix d'un pays, elles ont droit d'interroger la pensée qui les dégra-
de : tout citoyen qui a quelque
courage doit donner son signale-
ment à ses contemporains qu'il

flétrit, lorsqu'il les dénonce à la postérité.

Si quelqu'ouvrage dut faire des ennemis puissans, c'est celui-ci : nous vivons au milieu de sectes ardentes à se détruire, et il les attaque toutes : il fait luire un jour terrible sur toutes les erreurs dont la France s'ennyvre : il plane comme le héros d'Andromède, sur toutes les chimères, pour les anéantir.

Il fallait que l'auteur de cette ÉPUBLIQUE fut bien persuadé que son livre n'était pas fait pour sa génération , puisqu'il demanda expressément qu'il nefut imprimé que l'an dix-huit cent.

En avançant ce terme de dix ans, je jette peut-être la pomme de discorde, parmi toutes ces divi̇nités Plébeyennes, qui se disputent le droit de gouverner la patrie naissante qu'elles organisent : mais du moins j'aurai eu le courage de faire germer, avant le tems , des vérités hardies que l'a-

mour raisonné des hommes pouvait seul inspirer : après avoir luité
vingt ans contre la haine des despotes , j'en lutterai peut-être
vingt autres contre la haine des
factieux ; et j'aurai vécu.

Ce Livre pourra avoir quelques.
lecteurs, mais n'aura point de-
partisans. Les esprits en cemoment
sont trop en effervescence pour
le juger : ma défiance à cet égard
est telle, que je n'offrirai pas MA
REPUBLIQUE, même à tout ce qui

A 3

m'est cher ; je ne veux point com-
promettre l'amitié par un pareil
hommage.

Eh ! que m'importe au resté la
destinée littéraire d'un écrit fait
pour des Législateurs ? ne serait
il pas flétri par l'encens des dis-
tributeurs vulgaires de la renom-
mée ? Qu'il meure , s'il le faut ,
dans ces tems de trouble , où il
est permis de tout imprimer , excepté la mâle et austère vérité ;
mais un pressentiment consola

teur m'assure qu'avant le dix neu-
vième siècle il renaîtra de sa cen-
dre ; alors on s'étonnera de son
oubli ; on dira : ce livre qui dépo-
sait contre des erreurs universelles
a pu être composé par un homme
de bien.

Mais quel est cet homme de
bien, qui trace ainsi le plan d'une
RÉPUBLIQUE en France, pour se
rendre à la fois respectable et
odieux ? Pourquoi s'appelle-t-il
Platon ? et quel rapport y a-t-il

entre lui et l'élève de Socrate mort dans la Grèce , il y a deux mille ans ?

Toutes ces questions tiennent à un grand problême, dont la solution ne se trouvera qu'à la dernière page de ce livre : si cependant on lui permet d'arriver paisiblement jusqu'a la derniere page.

Au reste , qu'on ne s'attende pas à trouver ici des évenemens de féerie , et tout cet échaffaudage de merveilleux qui tient lieu de génie à l'homme qui n'en a point : une République n'est point un roman frivole, et il ne faut que des ornemens austères, à des vérités philosophiques, sur lesquelles repose le bonheur des hommes.

S'il s'y rencontre des faits extraordinaires et tels que l'âne d'or d'Apulée pourait les admettre, c'est que souvent dans l'histoire on est vrai sans être vraisemblable: ouvrez Polybe ou Tite-live, et

A 5

voyez combien la raison se révolte du combat de Coclès contre une armée, et du siège du serpent de Bagrada par l'armée de Régulus.

Ici tous les faits que notre philosophe invoque à l'appui de sa théorie, sont de l'exactitude la plus scrupuleuse : sans en excepter les deux anecdotes si étranges, du soldat Autrichien crucifié et de l'abandon de l'empereur Joseph par ses troupes, pendant le siège de Belgrade. L'imagination me joue quelque rôle dans la République, que dans le chapitre de l'anneau de Gygès, et ce chapitre est annoncé comme un apologue.

Quant à la navigation du Cosmopolite , aux avantures d'Eponine et à tous ces faits accessoires, qui en liant les parties isolées de la République, servent de points de repos à l'entendement du lecteur , je n'ai aucun motif qui me fasse soupçonner leur authenticité : ici la vérité est toute entière

dans la vraisemblance ; si cependant le scepticisme s'obstinait à y
porter atteinte , j'en appellerais
aux appréciateurs du goût pur de
l'antiquité , ils savent comme
moi , que tout tableau qui porte
le nom de Platon doit avoir une
bordure dramatique , pour que
l'homme de goût puisse le recon-
naître.

La seule objection spécieuse
que le savant pourrait faire , regarde un point de Chronologie

Platon pour lier le siège de Belgrade à la révolution française
s'est permis de les rapprocher de
quelques mois; l'erreur était si facile à réparer que j'en ai voulu laisser le soin au lecteur. En vérité
peu importe dans un ouvrage sur
l'architecture générale des loix,
qu'il s'y glisse un si futile ana-
chronisme. Il n'est pas plus permis de discuter, en analysant MA
REPUBLIQUE, si le dernier empereur était devant Belgrade en
1788 où en 1789, que d'examiner

en analysant l'Odyssée, si Ulysse
aborda dans l'isle de Calypso, le
jour de la fête des Panathenées ou
au mois grec de Boëdromion.

Peut-être scrait-ce un champ
bien plus noble pour la discussion
philosophique, que d'examiner si
dans une constitution naissante,
on a droit de louer où de critiquer
l'ouvrage de ses législateurs?

Tant de factieux se sont permis en France de louer tout ce
qu'a fait l'assemblée nationale,

que j'ai douté un moment si l'é}
loge en pareil cas n'était pas un
blasphème.

Tant d'hommes sans principes
ont distillé leur fiel sur les decrets
les plus sublimes de nos douze
cens souverains , que critiquer
ce grand ouvrage me semblait encore plus un crime de lèze-huma-
nité.

Sous ce point de vue, notre constitution serait l'arche sainte, qu'il
serait défendu soit ¡ de soutenir

soit de renverser , sous peine de mort.

Mais le règne des illusions a disparu , et depuis l'avènement de la raison , tout le monde , sans être Lévite , a droit de porter ses regards curieux sur l'arche de la politique , comme sur celle de la religion.

Ce sont les lumières seules qui ont fait notre révolution : et quelle autre cause pourrait en expliquer la durée ? si c'étaient des hommes qui eussent créé aux Français une patrie, croit-on qu'elle subsisterait encore depuis deux ans , au milieu des conjurations de tant de patriotes pour l'anéantir ?

Si ce sont les lumières qui ont fourni les bases de cette belle constitution, c'est à elles, et à elles seules peut-être qu'il appartient de veiller, à ce que l'édifice conserve son à-plomb et qu'il s'élève, sans crevasses, jus-

qu'à ce qu'il atteigne son couron-
nement.

La raison a pu jetter l'idée
mère de notre régénération ;
mais ce sont des hommes revêtus
de sa livrée, qui nous ont régé-
nérés : on peut donc, sans offenser
la philosophie, discuter l'ouvrage
des philosophes.

Si du moins les philosophes qui
ont fait nos loix avaient porté les
noms de Lycurgue, de Zoroastre
de Locke, de Montesquieu, ces

noms consacrés à l'éternité devant lesquels la terre se prosterne en silence ; mais il n'en est presqu'aucun dont les talens pour la législation ne soient nés en 1789; et il ne faut point leur en faire un reproche : car si on pouvait suppléer avec de l'esprit, du zèle et du patriotisme, à l'étude aprofondie des grands rapports qui lient l'homme individuel à l'homme social, le grand œuvre de la politique serait trouvé, et je serais le premier à brûler cette République.

A ces considérations s'en joint
une autre, dont il est difficile d'é-
luder la force ; l'assemblée nationale, en donnant à tout homme le
droit d'examiner le contract éter-
nel qui le lie à l'être suprême, a
donné à plus forte raison à tout
citoyen, celui d'examiner le contract qui l'enchaîne à la patrie
naissante ; nos représentans s'in-
digneraient de se voir protéger
par une foi aveugle, qui ferait
soupçonner le néant de leurs
œuvres : il n'ont garde de s'affran-

chir des regards des lumières ;
quand ils ont eu le courage d'y
soumettre jusqu'à la religion.

Si notre constitution est aussi
pure qu'on a eu dessein de la tra-
cer, que peut contre elle l'opinion d'un philosophe, quand
même il serait l'interprète d'une
partie de ses contemporains :
quand à l'exemple de l'esprit té-
nébreux de l'évangile il s'appelle-
rait LÉGION ?

Une Constitution donnée par

la raison seule à un grand peuple qui se suffit à lui même, doit avoir la durée de son principe : elle doit survivre à la haine des sectes et à leur enthousiasme , aux empires qui la combattent et aux livres qui l'offrent pour modèle.

Il me semble donc que la constitution française destinée à servir de base à tous les codes de l'Europe , ne doit point être enveloppée d'un voile religieux, ainsi que les cultes de l'Égypte et de

l'Orient ; s'il est permis aux sectaires de croire que l'esprit de dieu
en a dicté toutes les syllabes, comme de la Bible des Rabbins , il
doit l'être aussi aux bons esprits
d'en montrer les taches , pour
faire ressortir encore mieux les
beautés mâles et sublimes dont
elle étincelle.

Qui sait même si la critique
sage et motivée de Platon n'honore pas plus l'ouvrage immortel
qu'elle apprécie, que des éloges

sans principes et sans mesure, avec lesquels on fatigue jusqu'à l'amour propre de nos législateurs ?

Ma tendresse pour l'auteur de la république me fait peut-être illusion ; mais il me parait qu'il est entraîné à la fois par son génie et par son ame à rendre l'hommage le plus pur à une révolution, qui, lorsque les travaux de plusieurs législatures l'auront conduite à sa maturité, honorera encore moins la France que l'esprit humain.

Quand

Quand l'occasion se présente de faire l'éloge soit de l'insurrection, soit des personnages qui en ont été les mobiles, il le fait avec une complaisance qui décèle son penchant à ne laisser couler sa plume que pour louer.

Lorsqu'entraîné par la justice des siècles dont il se rend l'interprète, il se voit contraint de censurer des hommes peut-être injustement célèbres, il le fait avec une répugnance égale à sa fermeté.

Tome I.   B

té : c'est Brutus que sa qualité de consul de Rome oblige à dévouer son fils à la mort ; il subit comme juge le même supplice que la victime.

On s'étonnera sans doute de ce que cet ouvrage ne cite qu'avec indifférence certains événemens dont nous ne parlons encore qu'avec le délire de l'enthousiasme : c'est qu'on a su y apprécier les jugemens des états qui tendent à devenir populaires ; on s'est rappelé que par-tout où la démocratie domine, le héros du jour est un scélérat le lendemain : et que Démétrius Poliocerte après avoir travaillé une vie entière à se faire ériger dans Athènes trois-cents soixante-cinq statues, n'attendit qu'une nuit pour les voir renverser.

D'ailleurs, pourquoi condamnerions-nous Platon à ne voir la révolution française que d'après les préjugés de nos factions ? est-

ce qu'un objet se présente sous le
même point de vue à un specta-
teur placé àParis et à un autre
placé au Péloponèse? est-ce que
le berceau de notre liberté, pré-
sentera le même aspect l'an 1794
et l'an 1800?

Voilà plus d'un motif pour lire
cette République avec quelque
indulgence : cependant je connais
trop les flots de cette mer politique où je suis contraint de voguer,
pour ne pas pressentir tout le

néant d'une pareille apologie;
Platon n'a rien de ce qui peut le
faire respecter en 1791 ; il ne mé-
nage point le parti qui dispense la
gloire ; il sera cru plus faible que
sensible par les oppresseurs , plus
fanatique de la liberté que ré-
publicain par les opprimés ; et
sur cette clameur publique l'homme de bien qui ne lit pas, le con-
damnera sans l'entendre.

Eh bien ! ces cris factieux ne
s'éléveront pas si haut que mon

B 5

courage : Platon tout perturbateur
qu'il s'annonce des jouissances
anti-patriotiques n'est pas le seul
de son opinion : il a écrit d'après
son ame, et moi je pense d'après la
sienne : j'adopte tous les dogmes
de son évangile : hommes terri-
bles qui ne nous éclairés qu'avec
les torches d'un incendie, confon-
dez l'auteur et l'éditeur, et prenez
deux victimes.

Et vous , sages paisibles , qui de
toutes les capitales de l'Europe

m'avez demandé mon opinion sur la révolution française, croyez que l'homme qui publie cette république, déjà flétrie d'avance par ses contemporains, n'est pas toutàfait indigne de vous ; songez que peu de noms, sont aussi purs que le sien dans les annales de la liberté ; rappelez vous que dans ses nombreux écrits, jamais une ligne échappée à la politique n'a forcé l'honneur à rougir : craignez donc de prononcer entre le public et lui et attendez le commencement du sièble qui va naître pour le juger!

Oh! si, avant cette époque quel-
ques-unes des idées heureuses de
cette république pouvaient germer dans l'entendement des res-
taurateurs futurs de notre législation : si l'on commençait à se per-
suader qu'une révolution pré-
parée par les lumières , ne
doit pas s'affermir avec l'épée :
si avec les noms odieux dont les
divers partis se flétrissent et les
rubans qui les désignent à la hai-

he, on anéantissait toutes ces discordes fatales qui tôt ou tard entraîneront dans la même tombe, les vaincus, les vainqueurs et cette patrie qu'on veut créer avec des ruines : si dis-je une partie de ces rêveries vertueuses, venait bien-tôt à se réaliser ; il me semble que tout proscrit que je serais dans ce moment d'orage, j'aurais payé mon tribut de citoyen à un pays que j'idolâtre, et que mes veilles dans l'obscurité dont je m'environne, auraient plus de

droit aux regards de la postérité
que la longue léthargie de tant
d'hommes nouveaux qui s'éton-
nent eux-mêmes de se voir au
rang de nos législateurs.

Je n'attendrai point le succès
de cet ouvrage pour en publier la
suite. Dans ces tems d'orages, où
la voix des factions seule se fait
entendre, seule se fait applaudir,
un succès est un signe de réproba-
tion, et ma fierté s'en indigne ;
J'aime mieux rester dans l'oubli

que de partager le succès déshonorant de l'ami du peuple, et des actes des apôtres.

Heureusement la considération d'un succès littéraire n'est point entrée dans les calculs de mon patriotisme ; accélérer de quelques années, peut-être de quelques jours seulement, le retour de la France à la paix, et à son entière régénération, est l'unique motif qui me guide dans la publication de cette République.

J'ai entre les mains le manuscrit presqu'entier de l'examen
philosophique de cette législatu-
re ; c'est à mon zèle à décider s'il
faut précipiter ou suspendre la
succession des volumes.

Le mobile de ce zèle, sera uni-
quement le péril de la chose publique : c'est alors que la patrie
dit d'une voix tonnante à tout citoyen qui a l'ame élevée : BRUTUS,
ÈVEILLE-TOI.

INTRODUCTION

INTRODUCTION
A LA RÉPUBLIQUE.

LE feu de la guerre embrasait une partie de l'Europe et menaçait de se communiquer au reste, d'après les principes des cabinets diplomatiques, qu'un état ne se soutient qu'en surveillant l'ambition des autres, et que dès qu'un roi a mis l'épée à la main, il en doit voir cinq cent mille amies et cinq cent mille ennemies sortir de leur fourreau.

Le foyer de cet incendie était

dans les environs de ce Pont-
Euxin, que notre géographie ba-
tarde défigure sous le nom de
Mer-noire : il ne s'agissait de rien
moins que de faire disparaître de
la surface du globe, un empire
tranquille, mais accusé d'avoir
renversé, trois siècles et demi au-
paravant, le second trône des Césars, et ce qui semblait encore
plus odieux, de n'entretenir dans
les cours chrétiennes aucun am-
bassadeur.

Nous ne connaissons dans cette
partie de notre continent que
trois empereurs, et par une bizar-
rerie d'évènemens qui caractérise

notre siècle, c'était sur eux seuls
que pesait en ce moment le fléau
de la guerre : les deux têtes impériales qui communiquent par l'intermède des augustes espions du
corps diplomatique, voulaient ôter
le diadème à celle qui ne commu-
nique avec personne : c'était à
leurs yeux enfreindre le pacte social, que de vivre avec'ses peuples,
isolé du reste du monde, sur-tout
quand on n'admettait ni le schis-
me de l'église grecque ni l'évangile des papes.

Au reste, cette confédération
des têtes impériales de Vienne et
de Pétersbourg, contre la tête im-

périale de Constantinople, n'était
peut-être qu'un jeu raffiné du machiavélisme : les deux puissances
rivales essayaient leurs forces contre un ennemi commun, afin de
se mesurer ensuite elles-mêmes à
leur tour : c'était Auguste et Marc-
Antoine qui dépouillaient Lépide,
pour se disputer après, l'empire
du monde.

Ce grand projet couvait en silence dans ces têtes augustes,
mais il ne devait éclorre que lorsqu'il y aurait à la fois en Europe
deux trônes vacans, celui des des-
cendans de Mahomet et celui des
successeurs de saint Pierre.

La thiare papale, grace à des entreprises heureuses de la maison d'Autriche, ne tenait plus qu'à un fil sur la tête du saint père, mais la couronne des Ottomans semblait inébranlable sur le turban du grand seigneur : il était donc nécessaire de commencer péniblement par la conquête, pour finir sans danger par l'usurpation ; voilà pourquoi, pendant qu'on berçait le pape de l'espérance de rester souverain sur le Tibre, trois cent mille Russes et Allemands dévastaient les provinces ottomanes depuis la Crimée jusqu'à Belgrade.

Il est certain que depuis ce

Pyrrhus dont les fumées de l'ambition furent si heureusement
abatues par la philosophie de Cy-
néas, peu de conquérans ont fait
un plus beau songe que nos deux
souverains : l'empire de Constantinople était dégradé par trois siècles de despotisme, et il semblait
très-aisé de lui donner un nouveau
maître ; les usurpations du saint
siège étaient éclaircies par un siècle et demi de lumières, et il
semblait encore plus facile de lui
enlever la Rome des Césars.

D'après ce plan magnifique d'a-
grandissement, Joseph II déjà roi
des Romains par le nom, l'aurait

été en réalité, en allant résider au capitole, et Catherine II, lasse de règner sur les glaces éternelles de la Néva, aurait transféré le siège de sa vaste monarchie sous le beau ciel des Dardanelles.

Dès lors, renaissait le partage de notre Europe en deux empires, celui d'Orient et celui d'Occident ; ce qui dérangeait un peu cet équilibre entre vingt monarchies ou républiques confédérées, auquel nos corps diplomatiques, malgré le jeu incalculable des évènemens, osent promettre l'éternité.

Il est vrai que cet édifice, tout

brillant qu'il s'offrait aux deux imaginations impériales, avait si peu de base, que la philosophie pouvait le supposer bâti dans les nuages.

Cependant les cabinets de Vienne et de Pétersbourg tout en voilant leur marche, allaient à leurs fins : le premier anneau de la chaîne machiavélique, était forgé : déjà le sang coulait à grands flots sur les frontières de la Hongrie et du Pont-Euxin. Le trône de Constantinople menaçait de se renverser sur lui-même, et notre continent était troublé, parce que deux souverains inquiets voulaient changer de capitale.

On ne parlait dans l'Europe entière que des suites de cette guerre, qui commençait à être désastreuse, à la fois pour les vaincus et pour les vainqueurs ; et il n'est pas étonnant qu'elle fit déraisonner quelquefois les têtes politiques qui se trouvaient sur notre vaisseau.

Ce vaisseau n'était point celui de l'état français qui, attaqué lentement jusques dans sa carène par le ver rongeur du despotisme, changeant de pilote à chaque orage, ne faisant exécuter ses manœuvres que par des êtres vils et sans caractère, perdait peu à peu, avec

C 5

l'empire des mers, son antique influence sur la politique de l'Europe.

Le vaisseau dont je parle, et que je n'ai pas besoin de désigner sous le voile de l'allégorie, était tout simplement un bâtiment de la Tamise, destiné à protéger, avec une petite flotte de conserve, le commerce du Levant ; la bienfaisance du commodore y avait réuni des passagers des quatre parties du monde ; ainsi c'était avec quelque raison qu'il se nommait le Cosmopolite ; une tempête ayant dispersé la flotille, il croisa quelque tems seul dans l'Archipel : enfin vers le milieu de 1789 il s'approcha du théatre des massacres; mais quoiqu'il voguât avec un pavillon neutre, il était peu rassuré sur sa destinée; comme il portait des vivres pour tout infortuné qui avait le nom d'homme, il était aisé d'empoisonner ses vues philosophiques; un amiral turc pouvait faire empâler l'équipage, et un amiral russe l'exiler dans les déserts glacés de la Sibérie.

Cependant malgré le danger, le commodore qui avait ordre de faire voile vers la Crimée, se détermina à passer sous le canon des Dardanelles. Un vent qui souf-

C 6

flait en poupe, les ténèbres de la
nuit et encore plus l'inexpérience
de la flotte d'observation, rendi-
rent sa témérité heureuse et il en-
tra sans avoir été apperçu dans la
mer que nous appellons noire,
quoiqu'il n'y ait pas plus de mer
vraiment noire que de mers rou-
ges ou de mers vermeilles : c'était
simplement une mer inhospita-
lière du tems des Argonautes.

Quand, aux premiers rayons du
soleil levant qui vint dorer les ri-
ches plaines de l'Asie et les mina-
rets de Constantinople, nous nous
vîmes hors de la portée de l'artil-
lerie musulmane, nous recom-

mençâmes à nous épuiser en vaines conjetures sur ce que deviendraient les projets combinés de la Sémiramis de Russie et de l'Alexandre de l'Allemagne : chaque passager voyait l'avenir d'après le prisme de son imagination, et ce prisme, tout en caractérisant l'homme qui en faisait usage, était loin de présenter le vrai tableau de la nature.

Pendant que les flots de la discussion politique étaient le plus agités, une jeune Grecque, assise avec nous sur le pont, d'un mot sorti de l'organe le plus enchanteur, vint tout d'un coup calmer l'orage : vous cherchez, dit-elle, à lire dans un vague avenir, si Joseph-Alexandre, si Catherine-Sémiramis entreront en conquérans dans de nouvelles Babylones : mais pourquoi dans un siècle de lumières y a-t-il un Alexandre et une Sémiramis ?

Ce mot faisait pressentir une raison profonde : il frappa d'autant plus qu'on ne l'attendait pas d'une bouche de roses, qui naturellement ne devait s'ouvrir que pour les inflexions de l'amour ; nous fîmes un cercle autour de cette minerve de vingt ans, et elle continua ainsi sa Philippique.

Dans les tems de barbarie où l'homme ne savait que trembler et obéir, les rois se disaient tels, par la grace de leur épée, et cette épée était vraiment le sceptre du monde; les conquêtes se faisaient aussi naturellement que les échanges : on commerçait du sang des peuples comme de la vente des bêtes de somme, et plus un héros s'entourait de cadavres, plus il était sûr de son apothéose.

Dans des siècles de demi-lumières les souverains de l'Europe se sont dit rois par la grace de dieu, et c'était en d'autres termes l'être encore par la grace de leur épée;

car la religion dominante n'offrant aux regards qu'un dieu extermi- nateur, il était évident que le dieu qui distribuait les couronnes, don- nait aussi à ses grands vassaux le droit de mort sur les peuples qui refusaient de changer de fers : une douzaine de ces lieutenans du dieu des batailles se partageaient dans leurs divans les dépouilles du monde, et on appellait l'exécu- tion de leurs décrets, faite par un million de brigands soudoyés, les suites glorieuses du droit de con- quêtes.

Enfin les religions sont deve- nues tolérantes, la raison humaine a recouvré ses privilèges ; on a eu le courage de dire aux souverains qu'ils ne l'étaient que par la grace de leurs peuples, et je m'étonne qu'il y en ait encore qui se partagent les trônes qui se trouvent à leur bienséance, comme les généraux de la Macédoine se partagèrent le monde à la mort d'Alexandre.

Il ne s'agit pas ici d'examiner si Constantinople gagnera à voir le culte des Russes dans Sainte Sophie ; si un Germain qui a déjà trois couronnes est plus fait qu'un serviteur des serviteurs de dieu, pour donner des loix au capitole ;

il faudrait discuter plutôt à qui appartient le droit de guerre : si l'homme est une propriété des rois, comme ses parcs ou ses châteaux : et pourquoi dans toutes les grammaires philosophiques , le mot de conquête n'est pas synonyme à celui d'outrage à la nature ? —

Cette hardiesse dans la pensée, cette énergie dans l'expression , nous avait commandé le silence du respect ; tous les yeux de l'équipage étaient fixés sur cette nouvelle Aspasie , et il fallait qu'ils le fussent pour se refuser à l'idée qu'on entendait parler Démos-

thène : si cependant Démosthène
à vingt ans pouvait faire autre
chose que cadencer des mots so-
nores et arrondir des périodes.---

J'entrevois, ajouta la jeune
Grecque, le motif de votre sur-
prise ; vous me croyez ignorante
parce que je suis d'un sexe que
l'éducation vulgaire avilit : vous
me supposez sans l'expérience des
hommes et des choses, parce que
rien ne vous fait connaître que je
sais composer un visage de vingt
ans.

Apprenez que née dans la patrie
des Périclès et des Socrate, mon
père m'a élevée comme si je de-

vais ressusciter ces antiques héros
d'une Grèce qui n'est plus : il a
vu qu'en me condamnant à n'exister que par les graces fugitives de
la beauté, il ne ferait de moi qu'un
faible argile que pétrirait un jour
avec dédain, la main insolente
d'un bacha ou d'un sultan : il a
mieux aimé nourrir mon intelligence, me donner les élémens
du goût dans Homère, ceux de
la philosophie dans Plutarque;
alors j'ai brisé un vain miroir et
je suis devenue un homme.

Au défaut de l'expérience que
donnent les ans, j'ai acquis celle
que donne le malheur; quelques

jours de cette dernière, valent un
siècle de celle qu'on ne doit qu'à
la marche lente de la vieillesse. A
peine avais-je quinze ans que de
vils satellites du despotisme tentèrent de m'arracher de la maison
de mes ancêtres, pour m'ensève-
lir toute vivante dans le serrail du
grand seigneur ; mon père qui me
tenait mourante dans ses bras, eut
la courageuse imprudence d'ap-
peller ses concitoyens au secours
de ma vertu, et on l'accusa dans
le divan d'avoir appellé à la liberté
le Peloponèse. Le soupçon seul
d'un pareil délit est un crime de
lèze-majesté dans les états absolus:
nous avons donc été contraints

depuis cette époque fatale, d'errer sans patrie, cherchant la nuit
dans des champs dévastés, de vils
alimens que la pauvreté dédaigne,
nous cachant le jour dans la pous-
sière des tombeaux, et grace au
joug d'airain qui tient la Grèce
abrutie, n'ayant rencontré d'être
sensible que l'Anglais généreux
qui nous a offert un asyle dans
son vaisseau. Vous voyez par ce
tableau de ma vie si j'ai quelque
droit de ne point aduler les rois,
de mettre en balance leur pouvoir
usurpé, avec les privilèges im-
prescriptibles de la nature humaine, et de faire rougir de leur
gloire même, des Alexandre et des
Sémiramis. —

Pendant ce récit, le silence de l'équipage avait redoublé : tous nos regards étaient fixés sur la jeune héroïne, et toutes nos ames concentrées dans nos regards ; un de nous laissa tomber une larme sur la main de la Grecque, et nous reconnûmes son pere.

C'était un homme dans la maturité de l'âge, d'une belle stature, ayant de la majesté dans les regards et une tête élevée qui semblait annoncer l'habitude du commandement ; jusqu'à ce moment son chagrin renfermé dans le fond de son cœur, ne s'était exhalé par aucune plainte ; inaccessible à une curiosité indiscrète par le silence auquel il s'était condamné, il opposait les dehors d'une indifférence philosophique au récit de nos guerres et des malheurs qu'elles entraînent. L'univers entier semblait n'exister pour lui que dans notre vaisseau, et ce vaisseau lui-même ne tenait à son ame que par ses livres et par sa fille.

Le discours éloquent de la jeune Grecque le tira de sa léthargie; il s'apperçut pour la première fois qu'il était avec des hommes; alors descendant en lui-même, il parut prendre quelque part au choc des trois empires, d'où allait résulter le désastre de l'Europe.

Eponine

Eponine, dit-il, tu as élevé sans le savoir, une question qui aurait embarrassé tous les sages du portique : elle tient aux élé-mens du pacte social que Socrate lui-même, le plus éclairé des hommes, n'a pas osé rechercher : crois moi, n'appliquons pas la philosophie à des problêmes que la raison est encore trop jeune pour résoudre ; soyons obscurs pour être heureux : vivons en paix avec les rois, ce qui est aisé, et sur-tout avec nous-mêmes, ce qui est difficile.

La curiosité vulgaire s'irrite par le refus de la satisfaire : la curio-

sité philosophique encore plus ;
car c'est un besoin pour l'être qui
pense, de ne point laisser échap-
per un fil unique qui tient aux
premières causes. Nous nous réu-
nîmes à conjurer l'auguste inconnu de nous croire dignes de l'entendre : notre enthousiasme pour
Eponine l'avait déjà disposé en
notre faveur : il s'assit au milieu
de nous; tout était calme alors au
firmament, sur la mer et dans le
vaisseau : la nuit qui allait éten-
dre ses voiles autour de nous
nous inspirait une sorte de re-
cueillement que l'attente des oracles d'un sage rendait religieux :
le philosophe, pour être tout an-

...lier à lui-même, écarta douce-
ment la main d'Eponine, qui pal-
pitait sur ses genoux , et nous
montrant le côté du ciel où quelques rayons pourpres et orangés
indiquaint encore la retraite peu
éloignée du soleil , il s'exprima
ainsi : —

Cet astre dont vous venez de
voir tarir les torrens de lumière ,
les fera jaillir demain à vos yeux,
et continuera de même à chaque
révolution du globe, sans que le
cours des siècles ajoute rien à sa
substance, ni lui en fasse perdre ;
le monde social est à cet égard
comme le soleil; il paraît aujour-

d'hui tel qu'il était peut-être il y a quarante mille ans : la civilisation lui a donné une certaine dose de lumières qui du moins, jusqu'à la découverte de l'imprimerie, n'a jamais ni augmenté ni diminué sensiblement ; le bonheur qui résulte pour lui d'un esclavage mitigé, lui semble les colonnes d'Hercule, au de-là desquelles sont les limites de l'univers et l'empire du néant.

La raison s'est promenée successivement sur presque tous les points de la surface de la terre, sans y avoir laissé des traces profondes de son passage : ainsi que

les héros des gouvernemens populaires, elle est aujourd'hui l'idole
d'une nation qui l'oublie demain :
les fautes, à cet égard., des géné-
rations sont presque toujours perdues pour celles qui les suivent :
on dirait que parce que de timi-
des législateurs ont ourdi avec
succès cette toile fragile des loix
qui garantit le pacte social de l'atteinte des insectes, nous n'avons
plus rien à redouter de l'audace
de l'aigle et de la voracité des
vautours.

D'où vient cette insouciance
de l'homme civilisé pour franchir
l'enceinte étroite où les préjugés

D 3

politiques l'ont circonscrit ? Je
vais vous le dire avec liberté, parce
que c'est un concitoyen de Locke
et de Newton qui nous donne ici
des loix , et que s'll y a quelques
êtres libres sur ce globe ils sont
sur ce vaisseau.

L'édifice social s'écroule de
tout côté, mais personne n'ose
l'abattre afin de le reconstruire ,
parce qu'on a eu la maladresse
de le bâtir sur l'autel. Le respect
dû à la base, arrête la main courageuse qui s'arme de la hache ;
on craint d'acheter le titre de
bienfaiteur des hommes par celui
de sacrilège : en un mot, les loix

sont par-tout dans l'enfance, parce qu'on les a fait protéger par le culte ; on a mis la patrie dans le sein de la religion, au lieu de mettre la religion dans le sein de la patrie, et il en a résulté peu à peu pour les empires les plus éclairés, qu'ils n'ont eu ni patrie ni religion. —

A ces mots un murmure involontaire se fit entendre dans l'équipage : aucun de nous ne se trouvait assez aguerri par la philosophie pour ne pas s'étonner d'une théorie aussi audacieuse : l'étranger s'apperçut qu'il avait touché au vif la blessure qu'il voulait guérir, et regardant avec attendrissement la sensible Eponine, tu sais, lui dit-il, si jamais j'ai voulu te ravir le dieu qui nous consolait dans nos malheurs : en t'éclairant sur sa puissance, en te jettant dans son sein, je remplissais le devoir le plus sacré pour mon cœur ; je te léguais à ce père de la nature, destiné à me survivre, mais non à me faire oublier.

Après cet épanchement, qui ne coûte rien à ma franchise, je vais continuer à parler cette langue austère de la politique sociale que si peu d'hommes d'état sont dignes d'entendre.

On ne connaît aucun code de loix qui ait été donné à un peuple brut, et sorti récemment des mains de la nature ; tous étaient à demi civilisés, quand ils songèrent à s'enchaîner au pacte social, et voilà une des premières causes de l'imperfection de tous les systèmes de loix ; les législateurs, par reconnaissance, se crurent obligés de lier à leurs sages institutions, des coutumes insensées qui tiennent lieu de loix aux sociétés qui n'en ont point, et de construire ainsi leur nouvel édifice avec les décombres des cabanes qu'ils démolissaient ; ce n'est point sur des plans aussi informes en architecture, qu'on bâtit pour l'éternité.

Parmi ces décombres antiques étaient les usages religieux ; Eponine l'a dit : les peuples au berceau des sociétés ne savent que trembler et croire : c'est donc en s'entourant d'erreurs et de terreurs, qu'ils purent commencer l'ouvrage de leur civilisation : l'homme de génie vint ensuite : on lui dit : donne nous des loix qui lient le ciel à la terre, et il plaça l'état sur l'autel.

Rendons justice cependant à des hommes supérieurs tels que Moïse, Lycurgue et Numa : ce fut

une considération majeure qui les
détermina à donner d'abord un
bandeau à l'homme, afin d'avoir
ensuite le droit de l'éclairer : ils
sentaient qu'une volonté individuelle ne pouvait enchaîner long-
tems la volonté générale : ils se dé-
terminèrent donc, pour donner
quelque stabilité à leur code, de
le faire sanctionner par la seule
puissance que respecte un peuple
enfant, par les dieux ; ils se flat-
taient sans doute que quand ce
peuple serait dans sa majorité, il
ratifierait ses institutions en leur
donnant une sanction d'un ordre
bien plus auguste, celle du concours de toutes les lumières.

Malheureusement les peuples dominés par le despotisme, avilis par le fanatisme, ne deviennent jamais majeurs : toujours sous la tutelle des rois ou des prêtres, ils ne font aucun usage de la force politique que leur donnent les meilleures loix, et après un long période d'erreurs et de crimes, cangrénés par le luxe le plus dépravateur, on ne peut les régénérer que par l'horrible méthode que Médée indiqua aux filles de Pelias, en les mettant à mort.

Combien d'erreurs politiques découlaient cependant de cette idée malheureuse de placer sur

le

le frontispice des législations les images fantastiques des dieux faits par les hommes !

Si Lycurgue, qui d'ailleurs fut le seul des législateurs qui eut le courage de fondre sa statue d'un seul jet, si Lycurgue, dis-je, n'avait pas eu la faiblesse de mettre son code sublime sous la sauvegarde d'un dieu sans mœurs, tel que l'Apollon de la mythologie, aurait-il entr'ouvert les robes flottantes des vierges de l'Eurotas? Les aurait-il fait lutter toutes nues dans les jeux publics, avec les jeunes vainqueurs des Perses? N'est-ce pas à cet absurde alliage du

Tome I.   E

culte et des loix, qu'il faut attri-
buer sa grande erreur, que la pudeur est une convention sociale
que l'instituteur des sociétés peut
anéantir : erreur qui conduit à
rendre inutile pour la vertu, cette
volupté douce, sur laquelle repose
le bonheur des hommes ?

La communauté des femmes a
gâté les belles institutions politiques de Numa, et c'est la faute de
l'intervention d'Egerie sa maî-
tresse, dont il osa faire l'apothéose.

Je ne parle pas ici des théocraties, de ces gouvernemens contre
nature, qui rapportent tout à l'i-

dée terrible d'un ange extermi-
nateur, d'un dieu des batailles :
il est évident qu'une société de
prêtres-rois qui peut tourmenter
la terre avec l'épée et la brûler
avec le feu des encensoirs, est essentiellement illégale, et que jusqu'au moment où l'avènement de
la raison vient paisiblement la dissoudre, elle n'existe au milieu des
ruines dont elle s'entoure que par
la lâcheté de ses victimes.

Je m'échauffe peut-être, mes
amis, quand je ne devrais que discuter avec vous, dans le calme des
sens et le silence absolu des préjugés ; mais vous pardonnerez sans

E 2

doute à un cœur long-tems flétri par l'infortune, cet élan de sa sensibilité : Eponine et moi nous avons eu si long-tems à gémir de l'épée de Mahomet et de son évangile, que je ne puis parler de sang-froid du crime des législations qui ne sont que religieuses. Au reste, s'il existe encore des théocraties sur ce globe où ont vécu Socrate, Zenon, Confucius et Marc-Aurele, il est plus aisé aux sectaires qui les protègent de me punir que de me répondre.

Vous ne m'aviez pas encore initié, mon père, dit la jeune Grecque, dans une si haute doctrine ;

pouviez-vous donc vous défier
d'une intelligence que je devais à
vos soins? Ah ! j'aurais sans doute
justifié vos espérances, puisque
j'entends parfaitement aujour-
d'hui, soit les principes que vous
exposez, soit ceux que vous ne
nous faites qu'entrevoir. Je me
persuade sans peine, d'après votre théorie, que toutes les législations connues ont le double vice
radical d'être formées des débris
des vieilles institutions sociales,
et d'avoir pour fondement, un
culte émané des hommes. J'oserai
même en tirer une conséquence
hardie, à laquelle votre prudence
semble se refuser; c'est que pour

E 3

bien mériter du ciel et de la terre?
le législateur qui refait le pacte
social doit être sans patrie et sans
religion. ——

Ma fille, je n'ai plus rien à t'ap-
prendre... Mais à ce frémissement
général dont je viens d'être témoin, et que personne n'a su dissimuler, je vois qu'on accuse en
secret ton ame pure de s'être
souillée d'un double sacrilège...
Eponine, qu'as-tu fait? crois-tu
donc être encore dans les villes
en ruine du Péloponèse, foulant
à tes pieds le marbre des tombeaux
de Solon et d'Anaxagore, et
n'ayant pour témoin de tes épan-

chemens qu'un père qui s'éclaire
avec toi, des morts illustres qui re-
vivent dans ton intelligence, et
un dieu père des mondes qui te
pardonnerait jusqu'à tes blasphê-
mes ? Garde que ta franchise ne
t'expose à perdre le patrimoine
de la beauté vertueuse, l'estime
de tout ce qui nous environne.

Eponine rougit : car en s'éle-
vant aux conceptions sublimes de
l'homme, elle n'avait pas perdu
les dons de son sexe, les graces
de la pudeur. Son père lui tendit
sa main, qu'elle baigna de ses
larmes : alors pour cacher cette
émotion à des regards indiscrets,

E 4

il lui proposa de la conduire à son
hamac : non, dit le commodore,
la nuit va bientôt envelopper l'ho-
rison : ses voiles adouciront un
peu les vérités hardies dont vous
venez de jetter le germe : achevez
d'épouvanter notre raison, vous
nous avez montré de loin les portes de votre monde social, osez
nous y introduire. ——

Vos desirs, homme généreux,
sont des ordres pour moi ; mais
connaissez - vous toute l'étendue
de votre demande ? Savez - vous
que pour remplir votre attente, il
faut que je vous fasse recueillir en
une nuit, ce que j'ai été quarante

ans à semer? Savez-vous que de vagues entretiens sur la destinée de nos trois empires d'Europe me conduiront à vous dessiner le plan de ma république? —

Votre république! répond le commodore, oh ce mot me reconcilie avec votre philosophie audacieuse : ce n'est point vainement que je suis le concitoyen des Stanhope, des Gordon et des Sidney ; j'aime qu'on me mène par les lumières à la liberté. Il ne s'est jamais rien fait de grand sur ce globe que par les peuples qui s'appartenaient à eux-mêmes. Satisfaites donc mon impatience,

E 5

et puisque vous avez à dessiner l'homme parfait, apportez votre palette et vos pinceaux dans une république. ___

Je m'honore, dit l'auguste étranger, de dire avec Homère et vous, que qui a perdu la liberté, a perdu la moitié de son existence ; mais l'ouvrage que je médite en silence depuis quarante ans, présente un plan plus vaste que le titre ne semble l'indiquer, et il ne faut accuser de cette erreur apparente que les grammaires de l'Europe, qui ont dénaturé le sens du mot république.

Tous les gouvernemens sont

fondés sur la force publique, doivent avoir pour but l'intérêt public et méritent également le nom de république.

Examinez tous les systèmes des grands publicistes, depuis le disciple de Socrate jusqu'à l'auteur du contrat social, tourmentez leurs opinions les plus contradictoires, pénétrez jusqu'à l'idée mère qui a produit leurs paradoxes, et vous trouverez toujours, en dernière analyse, que ce qui constitue un état est l'expression de la volonté générale, dont le souverain est l'interprète.

E 6

Cette volonté générale se manifeste avec la plus grande évi-
dence dans les états libres, où
le peuple-souverain élit et rejette
les dépositaires de sa puissance :
elle se montre mais avec quelque
nuages dans les monarchies mo-
dérées, où l'agent du pouvoir ne
peut rien changer aux loix fonda-
mentales, sans le concours des représentans du peuple qu'il gouverne : elle existe enfin, quoique très - voilée, dans les états
absolus, où une nation n'est cen-
sée s'être donné de chaînes que
pour qu'un maître la protège
contre les horreurs de l'anar-
chie.

Sous ce point de vue, tous les états qui sont sur le globe sont formés des mêmes élémens. La même chaîne politique embrasse l'Athènes de Thémistocle et la Perse des Cambyse et des Xerxès; elle réunit à l'Angleterre des Gordon et des Sidney, ce Dannemark qui a rivé ses fers avec sa loi royale; cette Venise qui se console avec ses bals de l'inquisition de ses aristocrates; ces trônes mobiles de l'orient qui appartiennent au premier assassin couronné qui s'y place. Par-tout je découvre ou du moins je pressens une volonté générale : ainsi pour moi tout est république.

Je sais que ce mot, pris dans son acception philosophique, s'est dénaturé depuis des myriades de siècles, grace à tous les fléaux du genre humain, qui ont fait du monde leur patrimoine : ils sentaient qu'on s'indignerait moins de les voir tourmenter les peuples avec leurs loix et leur épée, si leurs chancelleries adoptaient des expressions qui consacrassent le droit de tout oser : telles que gouvernement d'un seul, que désigne le mot de monarchie ou l'exercice sans partage du pouvoir suprême, qu'indique celui de souveraineté. Alors ils se sont appellés monarques, souverains, et

ont rejettés la belledénomination
de chefs de républiques.

Mais la prescription ne doit
atteindre ni les privilèges de
l'homme social, ni les termes qui
les désignent; en vain Sésostris
qui attelait des princes à son
char, s'appellait-il roi des rois :
en vain les trois parricides Néron,
Constantin et Aurengzeb se di-
saient-ils empereurs, ils n'étaient,
malgré les coupables adulations
de l'histoire, que des interpretes
dégénérés de la volonté des républiques.

Le monde sans doute ne changera pas tout d'un coup à la voix du philosophe ; il y aura encore pendant quelques siècles des monarques, des impératrices, des grands seigneurs ; mais je remonte à l'origine des sociétés ; je dois désigner par des mots primordiaux, des idées primordiales, et j'embrasserai tous les gouvernemens qui existent sous le nom général de république.

DU PACTE SOCIAL.

PARMI les passagers que le commodore avait reçus sur le Cosmopolite, était un amiral d'Alger,
disgracié par son souverain, non
pour avoir fui devant un ennemi
supérieur en nombre, mais pour
ne l'avoir pas vaincu : car un despote qui se croit un être à part
sur le globe, s'étonne toujours
que l'homme qu'il investit de sa
toute-puissance, ne maîtrise pas
la nature.

L'Algérien n'avait pour toute

suite qu'un esclave qu'il dérobait
avec soin à tous les regards : c'é-
tait un jeune chevalier de Mal-
the, Français de naissance, et
fait prisonnier à sa première cara-
vanne, qui hors d'état, par l'in-
digence de sa famille, de se ra-
cheter, s'était peu à peu résigné
à sa longue infortune, et se consolait fièrement, en pensant à
Crésus, à Zénobie et à François
premier, de la pesanteur de ses
fers.

L'Amiral africain veillait sur-
tout à ce que son esclave ne mon-
tât pas sur le tillac, pendant que
le père d'Eponine posait les bases

de sa république : il craignait que
les semences de liberté jettées par
le philosophe, ne germassent
dans cette ame neuve encore, et
qu'à la fin de l'entretien, la nature reprenant ses droits, il n'y
eût plus sur le vaisseau ni maître
ni esclave.

Eh pourquoi, disait le chevalier, m'empêches-tu de respirer
dans cet atmosphère de liberté
qui m'environne ? tu crains donc
que les mâles discours d'un sage
ne me fassent retrouver les titres
d'indépendance, que le droit
de l'épée m'a fait perdre ; tu
trembles que la vue des hom-

mes ne me rappelle que je suis homme. ——

Eh laisse tous ces phantômes philosophiques qui te voilent la chaîne de tes devoirs ; songe qu'il n'existe point d'être libre dans l'univers : dieu qui tient en main la chaîne des êtres y est lui-même enchaîné ; toi que j'ai vaincu, tu es l'esclave de l'homme, et moi je le suis de la nécessité. ——

Si en naissant je subis comme toi le joug de la nécessité, pourquoi m'imposer une seconde chaîne ? Espères-tu, en me rendant vil à mes propres yeux, vaincre en moi la nature ? ——

Ma nature est de commander à l'ennemi que j'ai vaincu ; la tienne est de servir en silence , jusqu'à ce que mon ordre ou la mort viennent briser tes fers. —

Notre nature à tous deux est de n'obéir qu'à nous-mêmes. Maître, pour me faire entendre, permets-moi de t'interroger. —

J'y consens : que ta parole soit libre , pourvu que ta main reste esclave. —

S'il n'existait point de pacte social , de qui dépendrais-tu ? —

Des évènemens ; du tems qui

vient à pas lents flétrir mes organes ; de ce rocher du Caucase qui
peut s'écrouler sur ma tête ; de
cette mer irritée qui peut m'engloutir dans ses abîmes. ——

Laissons-là cette dépendance
qui dérive de ce que nous ne
sommes pas immortels et qui nous
est commune avec tous les êtres ;
je m'inquiète peu des chaînes de
l'homme physique ; celles de
l'homme moral sont les seules qui
pèsent sur l'infortuné. Mets-toi
un moment hors de la société, et
dans cette hypothèse, de qui
l'homme moral en toi croirait-il
dépendre ?

De lui seul sans doute. —

Ainsi tu es bien convaincu que l'homme isolé dans un coin du globe serait libre par l'exercice de ses organes, et sur-tout par celui de sa pensée. —

En douter ce serait te faire pressentir que l'évangile de Mahomet a éteint ma raison; mais qu'importe un tel aveu? l'homme a-t-il été jetté sur la terre comme un rocher est jetté du cratère embrâsé d'un volcan? a-t-il existé un moment sans famille, et par conséquent sans se voir un être social? —

Je le pense comme toi, et il faut que cette vérité soit bien évidente, pour qu'elle éclaire à la fois le compatriote de Montesquieu et un pirate africain : eh bien, considérons un moment l'homme au sein de sa famille, avant qu'il se soit choisi une patrie ; dis-moi, lui connais - tu quelque dépendance ? —

Il est souverain sur ses foyers, comme le despote d'Alger dans ses états. —

Mais si tu étais ce souverain, te croirais-tu le droit de frapper un fils à mort, de poignarder une épouse ? —

Un

Un fils c'est moi - même ; une épouse c'est encore moi-même ; ainsi je ne serai point assez insensé pour exercer contre moi les droits de ma souveraineté. ⟶

Voilà une souveraineté qui a donc un point de contact avec la dépendance : tu ne peux donner des loix sans les faire sanctionner par ta raison : tu ne saurais commander à un fils à une épouse sans obéir à toi-même. Étendons maintenant tes rapports comme chef de famille. Tes fils ne seront pas toujours entourés des lisières de l'enfance, leurs organes se développeront, leur pensée prendra

Tome I. F.

de l'énergie; ils deviendront pères et par conséquent souverains à
leur tour : comment l'état nouveau seutiendra-t-il le choc de
tant de souverainetés sans se dissoudre ? ——

Si l'état est tout neuf, il déchi-
rera quelque tems ses entrailles
sans s'anéantir : ensuite un vain-
queur s'élèvera sur les ruines qui
l'environnent;son ambition triom-
phante fera taire toutes les ambitions individuelles , et c'est ainsi
que peu à peu la force jettera les
bases de l'empire qu'elle exerce
sur l'univers. ——

Je ne crois point à cette monarchie universelle, fondée par la force : l'homme social, comme l'homme de la nature, a une pente invincible qui le porte à se conserver, et là force n'a d'activité que pour détruire ; c'est un poignard à double tranchant, qui réagit sur l'être qui en fait usage après avoir frappé ses victimes.—

Ainsi la force qui constitue les rois. . . . .

La force ne constitue que les tyrans : ce principe est si vrai que, quand cette force en trouve une supérieure, le trône qu'elle s'est érigé est anéanti, —

F 2

Mais malgré tes sophismes, la terre entière obéit à cette force; c'est par elle que le sceptre d'une vingtaine d'hommes pèse sur l'Europe entière. ——

On n'obéit pas à la force, on lui cède : est-ce que je suis censé obéir au Vésuve, quand le fleuve embrâsé de ses laves vient m'engloutir? Il faut un droit pour légitimer mon obéissance et le mot de droit est contradictoire avec celui de force. Maître, crois moi; que les despotes ne sortent pas de leur élément : ils raisonnent toujours mal; qu'ils se contentent de savoir frapper. ——

Je suis despote et je descends à raisonner avec toi. Dis-moi, sophiste présomptueux, lorsque je te pris, les armes à la main, sur le vaisseau de la religion où tu faisais tes caravannes, ne pouvais-je pas en vertu de ma victoire, faire tomber ta tête? Je t'ai donné la vie à condition que tu serais mon esclave. Voilà l'histoire de toutes les grandes sociétés de la terre : l'épée des despotes pouvait mettre à mort les nations, et elles ont racheté leur vie par leur servitude : c'est la foiblesse qui a transigé avec la force, pour donner un droit au pouvoir et une moralité à l'obéissance. —

F 3

Ainsi donc, je t'ai conduit malgré toi au principe, que sans un pacte ou tacite ou formel, il n'y a aucun lien légitime entre toutes les parties du corps social : maître, voilà un aveu qui pourrait te coûter la tête dans Alger.—

Alger que j'ai servie, et dont on me bannit, n'est plus rien pour moi : en entrant dans ce navire je me suis fait cosmopolite.—

Maître, pour l'être tout-à-fait, il faut que tu aies le courage de refaire le monde social où les préjugés de ton éducation servile t'ont fait entrer. Crois-moi, les idées de guerre et de conquête

sont postérieures à la naissance
des loix : il y avait un droit parmi
les hommes avant qu'on songeât
à forger des épées : la tête et
les membres du corps politique
avaient contracté ensemble, avant
l'avènement des Ninus et des
Alexandre. ——

Le monde dont tu me parles
est celui de tes livres, et je ne
connais que le monde existant, où
le fer est tout et la philosophie
rien.

Je n'ai pas besoin d'interroger
les livres ; il me suffit de descendre dans le cœur humain pour
voir que l'ordre a dû précéder le

désordre , et les loix l'abus des
loix. J'ignore comment le globe
s'est peuplé , ou du moins je ne
le sais que par les charlatans sacrés
qui me commandent la foi, ce
qui est la même chose que si je
l'ignorais ; mais je conçois très-
bien que du moment que le genre
humain fut trop nombreux pour
ne composer qu'une famille ; la
propriété nâquit , ce qui fit tour-
ner le monde social sur un axe
nouveau : chaque individu , soit
de la branche aînée soit des bran-
ches collatérales ne pouvant dire :
*ce champ que je cultive est à
moi*, sans alarmer une foule
d'ambitions rivales , fût obligé

d'acheter leur silence par un pacte et des sacrifices : de ce pacte et de ces sacrifices sont nés les gouvernemens : par le pacte on confia à un chef l'exercice du pouvoir suprême, à condition qu'il protégerait toutes les propriétés : les sacrifices furent ceux de chaque volonté individuelle, pour en composer une volonté générale, d'où résulterait la paix et le bonheur de tous. Voilà les vrais élémens de la société, quand on n'épouse aucun système, quand on a une trop haute idée de l'excellence de sa généalogie pour en aller chercher les titres dans les védams de l'Inde, dans la genese

ou dans l'alcoran. Encore une fois
il n'existe point de puissance légitime, sans une transaction tacite
ou formelle entre la tête et les
membres du corps politique; c'est
en vertu de cet acte sacré, passé
sur l'autel de la nature qu'il y a
dans tous les états bien organisés,
non un monarque et des sujets,
encore moins un maître et des esclaves, mais un représentant de
la nation, et des citoyens : c'est
lui qui a fixé les limites entre les
droits d'un peuple assemblé, à
qui appartient le pouvoir suprême et les privileges d'un chef qui
n'est que le dépositaire de ce pouvoir : c'est par lui que les gran-

des sociétés sortent de tutèle et que l'homme ramené à sa hauteur primordiale peut dire qu'en obéissant au souverain il n'obéit qu'à lui-même. ━

Ainsi grace à ce pacte social de les philosophes, il n'y aurait sur le globe aucun roi légitime. ━

Ils le sont tous, excepté les rois absolus, qui n'existant que par eux et pour eux, ne méritent pas qu'aucune autre existence les protège. ━

Mais s'il est des peuples qui se sont donnés volontairement à un monarque absolu ? ━

Un peuple ne peut pas plus aliéner sa liberté, que donner son existence. —

Il le peut, puisqu'il y a des contrats formels d'aliénation, tels que la loi royale de Dannemark ? —

Un contrat où une des parties donne tout et l'autre rien, est nul par essence. Je ne sais même si en accordant un privilège absurde à un chef de société, on ne lui ôte pas celui qu'il tenait de sa nature; un despote qu'on a fait plus qu'homme, n'est pas même un homme. —

Qui suis-je donc à tes yeux, moi

moi que personne n'a fait despote
et qui suis le tien ? —

Maître, commande et ne m'in-
terroge pas. —

Je t'entends. Ainsi tu ne tiens
au joug que je t'impose, que jusqu'au moment où tu pourras le
secouer. —

Écoute : n'est - ce pas par le
droit de guerre que je suis ton
esclave ? —

Oui, et cet aveu ne coûte rien
à ma franchise. —

Mais si l'état de guerre subsiste
encore entre nous ? —

Tome I.   G

Que parles-tu d'état de guerre?
n'as-tu pas capitulé avec moi sur
le vaisseau entr'ouvert où je te
donnai la vie ? ——

|Non : j'étais mourant à tes pieds.
C'est ton cimeterre qui a fait la
capitulation , et elle ne tient que
jusqu'à ce que je te désarme à
mon tour. ——

Sophiste odieux. . . . .

Maître, calme-toi : tu n'as pas
fait valoir le seul droit qui légitime ton empire, le droit des bien-
faits. Je n'oublie pas que tu as dès
l'origine respecté mon infortune ;
que tu n'as jamais exigé de moi un

service qui m'avilit ; que tu a cru
à ma probité en me confiant le
dépôt de ta vie. Je répondrai à
tant de générosité : je me crois
l'ame assez grande pour veiller
sur tes jours comme sur ceux d'un
père ; pour ne point rompre mes
fers, jusqu'à ce que j'en aie le
droit en te présentant ma rançon.
Si cet abandon de moi - même
trouve grace à tes yeux , ajoute un
nouveau titre à ma reconnaissance : laisse-moi respirer de tems en
tems avec ton disciple de Socrate ;
et remonter ainsi les ressorts de
mon intelligence, affaissés malgré
tes soins , par un long esclavage !

G 2

L'Algérien , sous l'enveloppe d'un barbare cachait une ame sensible et généreuse : il ne répondit point à son esclave, mais le prenant par la main , il l'aida à monter sur le tillac : à peine les premières marches étaient-elles franchies que le philosophe , sa fille et le commodore s'offrirent à leurs yeux : appellés par le bruit d'un entretien aussi agité, ils étaient acourus avec précipitation, avaient écouté la discussion moitié sauvage moitié philosophique du Malthais et de l'Africain, et ne crurent pas devoir le dissimuler. Amiral, dit le sage , vous êtes digne d'entendre même une vérité qui vous offense : venez éclairer de vos doutes les premières pages de ma république.

L'équipage était encore sur le tillac, gardant un long silence, et dans l'attente de quelqu'évènement. Le philosophe introduisit au milieu du cercle l'Algérien, se plaça lui-même entre sa fille et l'esclave, et dit en montrant ce dernier : mes amis, vous voyez un homme libre, que la servitude a formé : son ame ne se serait point élevée à une grande hauteur, si elle n'avait été froissée par une longue infortune : voici ses idées

G 3

sur le pacte social : elles sont dignes de Socrate, et les miennes n'en seront que le développement.

Jusqu'à ce moment personne ne s'était occupé du nouvel Epictète : la vanité vulgaire aurait été blessée de descendre jusqu'à converser avec un esclave; mais le mot du philosophe excitant la curiosité, on se mit à l'envisager avec quelqu'attention; il joignait à une taille svelte des traits fins et des formes arrondies, qui trahissaient son adolescence : sa chevelure tombaient en ondes naturelles sur son visage; son front, légère-

ment flétri par le chagrin, ses
beaux yeux qui ne s'ouvraient
que pour que la honte vînt aussi-
tôt les fermer, inspiraient une espèce d'intérêt vague qu'il était
difficile de définir. L'équipage
entier voyait tout cela. Eponine
seule, concentrée dans ses propres pensées, croyait ne point
s'e nappercevoir. ——

Savez - vous mes amis, dit le
sage, pourquoi lorsque la raison a
été tant de fois sur le trône, la
terre est toujours restée esclave;
c'est que rarement les philosophes couronnés ont eu le tact moral : ce tact qui est dans la scien-

G 4

ce de l'économie sociale, ce qu'est le goût dans l'étude des arts : qui semble agir en inspirant comme le génie de Socrate.

D'antiques législateurs, et à leur exemple les beaux génies dont l'Europe moderne s'honore, Hobbes, Helvétius et l'auteur d'Émile sont partis d'un état imaginaire de barbarie, pour expliquer la théorie de la civilisation : c'était un rideau qu'ils mettaient devant nos yeux pour empêcher de discerner le spectacle de l'organisation du monde social.

Je voudrais bien savoir, ainsi que je l'ai dit à plusieurs sages,

ce qu'on entend par cet homme
sauvage qui a précédé l'homme
civilisé, et qu'on décore avec tant
de faste du titre d'homme de la
nature ?

Y a-t-il eu un tems dans la nuit
des âges primitifs, où les hommes,
bornés aux besoins physiques, vé-
curent de glands dans les vastes fo-
rêts que leurs mains ne savaient
pas défricher, ne se vêtissant que
de leur innocence, se rassemblant
sans se connaître, et jouissant sans
aimer ?

Il me semble que l'homme, en
ouvrant les yeux à la lumière, a
des rapports avec ce qui l'envi-
G 5

ronne : il doit avoir un pere qui
le protège et une mere qui l'allai-
te de son sein. Si ces êtres bien-
faisans suivent la pente de leur
cœur, l'enfant est lié par le pacte
social ; s'ils l'abandonnent, il
meurt et il n'y a point d'état de
nature.

Nous ne sommes plus dans un
tems où la raison soit condamnée
à croire que l'homme naquit il y
a environ soixante siècles, d'un
peu d'argile pétri par la main de
Jehovah et de Promethée ou de
pierres jettées en l'air après le dé-
luge de Deucalion. L'histoire
physique du globe, le seul monu-

ment qui puisse remplacer à nos yeux la perte de son histoire écrite, nous apprend que dès que sa surface a pu se couvrir de végétaux l'homme qui s'en nourrit a pu y exister : cette époque est inaccesible à notre petite et faible chronologie ; et quand Buffon, le Pline de la France, l'a fixée il y a quarante mille ans, il ne fallait pas l'accuser d'audace, mais de pusillanimité.

Jamais nous ns pourrons atteindre, que par des calculs de probabilité, le premier pacte social de ces ages primordiaux ; mais la probabilité est pour nous la seule vérité des tems qui se dérobent à l'histoire : cherchons ensemble, à l'aide de ce flambeau à demi-éteint , la route qui doit nous conduire à l'origine de toutes les législations.

Avant que l'age et le malheur vinssent blanchir mes cheveux, je m'occupai long-tems de l'histoire physique de ce globe ; à force de réfléchir sur le parallélisme des couches des montagnes, sur les amas de coquillages répandus dans leur sein et sur leur surface , je reconnus que l'océan avait surpassé autrefois les pics inaccessibles du Caucase, de l'Atlas et des

Cordillières : j'en conclus que le genre humain, d'abord resserré dans les îles formées par les hauteurs primitives de nos continens, avait peu à peu suivi les mers à la trace de leur retraite, et qu'il n'avait pu, qu'après des myriades de siècles, établir sa vaste monarchie dans nos trois mendes.

Cette base de mon évangile de la raison une fois posée, je découvris le fil d'Ariane qui devait me guider dans le labyrinthe des sociétés primordiales.

S'il est vrai comme l'indiquent l'élévation du sol de l'Asie, la beauté de son ciel et les débris

des antiques traditions orientales,
que le Caucase fut le berceau du
genre humain, c'est là qu'il faut
chercher l'origine de ce droit de
propriété que je regarde comme la
première pierre de l'édifice social:
or, tant que les familles primitives circonscrites dans l'enceinte
de cette montagne-mère se con-
tentèrent pour leur nourriture
des fruits que la terre neuve encore, leur fournissait en abon-
dance, ne connaissant pas l'aiguil-
lon du besoin, elles restèrent
dans l'inertie : ce fut la population qui les força à cultiver cette
terre qui ne répondait pas à leur
attente ; alors chaque individu

put dire : ce champ, qui porte l'empreinte de mon travail, est à moi : de ce mot, prononcé par l'audace et récueilli par la terreur, nâquit la propriété et par contrecoup l'industrie, les arts et les gouvernemens.

Cette théorie indique le néant des systêmes où un monde sauvage devient le germe d'un monde civilisé ; il est évident qu'il ne peut exister des êtres intelligens, bornés au seul instinct de vivre et de se propager, dans une île peu étendue, où la nature d'ailleurs déploye toutes ses richesses et sa fécondité. Les hommes se rappro-

chent nécessairement quand, malgré leur population, ils n'habi-
tent qu'une contrée resserrée par
les eaux. C'est lorsque la terre libre s'offre d'elle-même à leur empire, qu'à force d'errer dans ses
déserts immenses, ils peuvent
perdre la trace de leur civilisation
et devenir aussi sauvages que le
lieu inculte qu'ils ont choisi pour
leur demeure.

L'homme circonscrit dans les
hautes chaînes du Caucase, de-
vint d'autant plus aisément un
être social, que la nature à cette
époque avait toute la vigueur de
son adolescence ; comme l'atmos-

phère où il respirait était pour ainsi dire imprégné de principes de vie, son intelligence se déployait en raison de l'énergie de ses organes, et bien loin que les individus de cet âge fortuné fussent des enfans relativement à nous : malgré nos lumières philosophiques et notre orgueil, nos hommes faits ne sont auprès d'eux que des enfans.

J'appuie beaucoup, mes amis, sur ces élémens de ma république, parce qu'il importe à la tranquillité du globe, que le paradoxe d'un état de guerre antérieur aux institutions sociales, ne prévale pas ; songez que si le droit de l'épée était reconnu pour le droit de la nature, tous les brigands couronnés qui nous gouvernent seraient en droit de la tirer sans cesse pour remonter les ressorts affaissés des gouvernemens : songez que des manifestes de souverains, réunis aux livres des Hobbes et des Machiavel, feraient de la terre une vaste arène de gladiateurs consacrée au génie de la destruction et à la mort.

Le genre humain, issu d'une famille primordiale, vécut donc en paix jusqu'à ce que les progrès de la population fissent naître la propriété et avec elle les besoins factices qui dérivent du succès de l'industrie : ce sont ces besoins factices qui secouent notre entendement ; eux seuls nous apprennent l'usage de nos organes, nous en créent de nouveaux et doublent par-là les forces de notre intelligence.

A la naissance de la propriété, les volontés de chaque chef de famille, ainsi que leurs intérêts, se divisèrent; on sentit bientôt qu'au milieu de ce conflict de droits et d'opinions il était nécessaire qu'une raison supérieure prononçât; cette raison se trouvait na-

turellement dans l'expression de
la volonté générale, qui rectifie-
rait les erreurs des volontés individuelles ; alors naquit le gouvernement. Un homme fut nom-
mé pour interpréter cette volonté
générale et cet homme fut roi.

Distinguons bien toutes les épo-
ques de cette espèce de fédération, si nous voulons avoir des
idées saines sur la nature du pacte
social.

La première convention des
pères de famille fût de faire le
sacrifice de leur force personnelle
pour en constituer une force publique, destinée à les protéger.

Mais cette force publique n'eût été qu'un vain phantôme, sans le mobile qui la dirige : il fallait donc la déposer entre des mains pures qui pussent en garantir l'usage ; voilà la seconde convention que le besoin des institutions sociales indiqua aux sages primitifs.

Enfin, il dût être stipulé, en armant un homme de la force de tous, que cette force ne se déployerait que pour assurer l'indépendance du souverain et la tranquillité du chef qui le représente.

C'est en liant le premier gouvernement de cette triple chaîne,

que les pères du genre humain
fondèrent le pacte social.

Quand même ce pacte n'aurait
jamais été stipulé formellement,
il n'en est pas moins la base de
tous les codes des nations civili-
sées ; il dérive de la nature même
de l'homme, de la hauteur de son
origine, de la puissance de son
entendement : je le trouve gravé
dans le cœur de tout ce qui est
digne de s'apprécier ; ce qui vaut
encore mieux que d'être écrit sur
douze tables d'airain, à la tête d'u-
ne bulle d'or, ou dans les livres
des philosophes.

Une seule classe de détracteurs

peut attaquer cette théorie ; ce sent ceux qui, grace à des sophismes de cour, ou aux dogmes d'une religion d'esclaves, ne croyent pas l'homme fait pour l'indépendance.

Je me félicite de n'avoir point à parler devant un divan ou dans les chapelles ardentes des inquisiteurs, et ma franchise ici n'offensera personne. Oui l'homme est libre ; sa pensée indépendante s'élève au-dessus des chaînes de l'opinion et des entraves des mauvaises loix. Voilà le cri de la nature ; il ne saurait être étouffé ni par les poignards des tyrans, ni par

les sophismes de l'apôtre de l'esclavage.

Seulement on peut dire , avec
justice , que l'homme libre de
droit , ne l'est de fait que du moment où il peut se suffire à lui-
même : c'est dans l'âge qui succè-
de à son adolescence, c'est lorsque
toutes les portes du monde moral
s'ouvrent devant lui , qu'il peut y
entrer armé de toute son indépendance. Que lui servirait au reste,
d'être libre lorsque son intelligence est encore enveloppée des
langes du berceau , ou lorsqu'elle
n'habite plus que les ruines de la
décrépitude ?

Puisque

Puisque l'être intelligent, quand il est dans l'enfance, ou que l'hiver des ans l'y fait retomber, ne peut marcher dans la carrière de la vie, sans s'exposer à faire des chûtes, il faut bien que la société forme avec la loi les lisières qui le retiennent ; mais le sophiste n'en doit rien conclure contre le principe de notre liberté originelle ; il est aisé de voir que l'homme au berceau n'est pas encore un homme, et que celui qui survit au dépérissement de ses organes, a cessé de l'être.

Il ne reste à la philosophie d'objection spécieuse contre la liberté

Tome I. H

que celle qui l'attaque dans le passage de l'homme de l'état naturel
à l'état civil : en effet, nous avons
vu qu'on ne peut adhérer au pacte
social, sans circonscrire l'usage de
sa force, sans s'imposer le devoir
d'obéir à des loix et sans aliéner
sa volonté : mais cet abandon de
ses facultés entre les mains de l'é-
tat, n'est qu'une dépendance il-
lusoire : il ne faut pas oublier que
l'homme qui se crée une patrie,
étant nécessairement membre du
souverain, n'obéit réellement qu'à
lui-même; en fondant une volonté
publique il ne perd pas la sienne,
il ne fait que la régler ; en cédant à
la loi, qui le protège, il arme des

des millions de bras pour assurer son indépendance.

Si l'homme est essentiellement libre, tout pacte social qui attente à son indépendance est par-là frappé de nullité.

Si la réunion de toutes les libertés individuelles pour la sauvegarde de la liberté publique forme le vrai caractère de la souveraineté, tout pacte social qui transporte à un individu ou à un corps le pouvoir suprême en propriété, anéantit la patrie.

Si des limites éternelles séparent le souverain de son représen-

H 2

tant , un roi , un sénat de nobles ou un conseil populaire , qui disposent de la force publique au gré des loix, qu'ils osent eux-mêmes créer , ne gouvernent pas leur nation , ils conspirent contre elle.

Ainsi , à ne consulter qu'une théorie sévère , il n'y a de souverain légitime , dans les trois mondes , que les peuples légalement assemblés.

Une nation ne pouvant pas plus aliéner sa souveraineté que l'homme individuel l'usage de ses organes , s'il en était qui se fussent ainsi condamnées à une éternelle minorité , par ce seul acte de démence, l'état serait dissous et le corps politique anéanti.

Tout représentant des nations qui se fait souverain, annulle le pacte social et remet les hommes qu'il gouverne, dans l'indépendance de la nature.

Tels sont, à ne consulter que la raison la plus austère, les pivots sur lesquels tourne le monde social. Quand on veut que le genre humain respire en paix à l'ombre des institutions qu'il se donne, il faut engréner à ces pivots toutes les législations.

Maintenant, mes amis, que la

H 3

vérité est assise d'une manière
ferme sur sa base, je vais la couvrir
un moment d'un voile : je n'ai
peut-être que trop semé dans des
imaginations inquiètes des germes
de dissentions et de ruines ; c'est
à mon ame désormais à s'entretenir avec la vôtre. Tant que vous
ne serez pas tout à fait initiés dans
les mystères de ma doctrine, j'ai
besoin d'expier à vos yeux, par
les épanchemens de l'homme de
paix, le crime d'être trop long-
tems philosophe.

Je vous ai entretenu d'abord
d'un monde bien organisé, reposant sur une législation douce et

ne se développant qu'avec le pacte social ; mais il s'en faut bien que cet amas informe d'états qui couvrent nos continents conserve beaucoup de traces de son origine : si des sages ont créé les codes primitifs de l'Orient, ce sont des barbares qui les ont commentés, ce qui est la même chose que les détruire.

Aujourd'hui la raison de l'épée a presque par-tout remplacé la raison des loix ; les monarchies formées de masses incohérentes, s'épuisent en s'agitant dans la main des despotes, et l'homme de la nature détrôné, mais

toujours fier et grand, semble
Marius assis sur les ruines de
Carthage.

Quel parti reste-t-il à prendre
à l'homme vertueux qui, tour-
menté du desir sublime de voir la
terre heureuse, voudrait ramener
le pacte social à ses principes, et
lier par un nœud indissoluble, la
loi, les mœurs et la religion?

Ira-t-il au château de Constantinople, bravant le cordon des muets
ou l'épée des janissaires, publier
que qui croit à l'évangile sanglant
de Mahomet est l'ennemi du ciel,
et que qui se laisse protéger par

le despotisme du grand seigneur, est l'ennemi des hommes?

Ira-t-il dans le camp de Belgrade annoncer à l'empereur Joseph que la guerre de convenance qu'il fait aux Ottomans, est un crime de lèze-nation : que la philosophie qu'il affecte ne consiste pas à sacrifier cent mille de ses sujets pour égorger un million d'hommes, et que des invasions désastreuses pour les deux partis, ne donnent aucun titre à la gloire, parce que Genseric et Attila ne sont pas de grands hommes?

Ira-t-il enfin dans cette France, que la nature créa en vain

pour être la première des monarchies, tonner au milieu de Ver-
sailles contre le despotisme mi-
nistériel, qui rend les mœurs vi-
les, et contre l'intolérance reli-
gieuse qui les rend atroces? Sa
voix, fût-elle aussi véhémente que
celle de Démosthène, donnera-
t'elle un gouvernement à une nation généreuse qui n'en a point?
paralysera-t-elle la main des visirs
inhabile à tout, excepté à signer
les lettres-de-cachet? Ensevelira-
t'elle, au sein de la terre, les
donjons de Vincennes et les ca-
chots de la Bastille?

La vertu, mes amis, ne consiste pas à armer inutilement les passions des hommes contre elle ; elle est calme comme le ciel dont elle émane ; elle ne met pas la vérité dans l'oubli, mais aussi elle n'en dispose les germes que dans les terreins qui sont propres à la fécondité.

Assurément le dieu que prêchait Polyeucte donnait une plus haute idée de l'ordonnateur des mondes, que le féroce Saturne qui mutila son père, Vénus, Mylitta, Cottyto, et toutes ces divinités obscènes, dont la fille d'une Lucrèce ne pouvait prononcer le nom sans perdre sa virginité : mais

le saint enthousiasme qui le porta
à renverser, au péril de sa vie, des
autels que sa patrie avait érigés,
n'en méritait pas moins le titre de
démence, et la palme du martyre
ne le sauvait pas aux yeux de
l'homme de bien de l'opprobre du
suicide.

Il est utile au monde que le
pouvoir absolu qui renverse tout
trouve quelquefois l'audace généreuse d'un grand homme sur
son passage ; mais qu'ont fait à
Rome asservie par des tyrans, les
dévouemens inutiles des Caton et
des Thraséas? A-t-elle pù se con-
soler d'être le patrimoine des Ti-
bère

bère et des Néron., par le spectacle d'une grandeur d'ame qui
n'apprenait qu'à mourir ?

La raison sublime qui a fait le
pacte primordial, n'approuve que
les sacrifices dont il résulte le bien
d'une génération. On n'a point
le droit de régénérer sa patrie
d'une main faible et énervée, et
Curtius ne doit se précipiter dans
l'abîme que quand il est sûr de le
refermer.

Des hommes à imagination ar-
dente vous diront quelquefois que
presque tous les cultes des trois
mondes étant faux, la raison doit
les extirper; que les gouverne-

Tome I. L

mens n'étant presque par - tout
qu'un machiavélisme déguisé ; il
faut les dissoudre ; que les loix
ne reposant que sur des bases absurdes, il faut les anéantir.

Ne croyez point , je vous con-
jure , ces amis du sang et des ruines, qui ne connaissent de l'art de
la guerre que le moment où il
faut se précipiter sur un champ
de bataille ; qui ne parlent du bien
qu'il faut opérer , que la fureur
dans la bouche et qui, s''ils avaient
le pouvoir en main , feraient un
autodafé de prêtres et une saint
Barthélemy de rois.

Voilà les hommes vraiment

dangereux, sur-tout dans un état qui se régénère. Ils reculent encore plus une révolution heureuse, que l'être sans patrie, par sa fougueuse impuissance. En ôtant tout frein à un peuple condamné, par sa nature, à ne jamais se guider lui-même, ils apprennent au civisme timide à calomnier la philosophie et la vertu.

J'ai quarante ans étudié en silence l'organisation actuelle du monde moral, et quoiqu'il me semble encore enséveli dans la nuit du cahos, je n'en suis pas moins convaincu qu'il n'est presqu'aucun point sur le globe

I 2

où le sage ne puisse reposer sa tête.

Presque tous les cultes faits par l'homme sont intolérans, mais ils ne me disent pas que l'obéissance à un père soit un crime; que l'instinct sacré qui me porte à faire le bonheur d'une épouse, soit un préjugé; que ma sensibilité pour l'infortune vertueuse soit une antique erreur : ainsi je me console de la tyrannie des réligions, en me refugiant dans le sein de la morale.

Les gouvernemens absolus sont le fléau de tout ce qui les entoure; mais pour m'y dérober, il me

suffit de ne pas respirer dans l'atmosphère des sultans, et sur-tout
de leurs visirs. Remarquez l'empire ottoman; pendant qu'au palais du grand seigneur le divan fait
couper des têtes, que les eunuques se disputent, le cimeterre
en main, l'empire du serrail; que
les frères du souverain le détrô-
nent pour être ensuite détrônés à
leur tour; le calme le plus profond
règne dans Constantinople, la raison tranquille y est aussi respectée
que dans la cour de Marc-Aurèle.
Il semble que le despotisme ne
soit terrible que dans le petit
foyer d'activité où il est circonscrit. C'est l'Etna qui promène ses

13

laves brûlantes autour de son cratère, tandis que la paix règne dans
le reste de la Sicile.

Presque toutes les législations
de l'Europe pèsent sur elle ; mais
d'ordinaire auprès du torrent est
la digue qui le retient. Dans les
grandes monarchies les loix absurdes deviennent impuissantes,
parce qu'elles se trouvent à côté
des mœurs. J'aime beaucoup à
citer la France ; son peuple est si
doux ! Son siècle de lumières a
une si heureuse influence ! Sa fri-
volité trahit si bien son grand
caractère ! Eh bien ! quoique
Louis XIV eût acheté par ses vic-

toires le droit d'être le sultan de
ses états, a-t-il étendu son sceptre d'airain hors de l'enceinte de
ses palais ?

Sans Louvois, qui empoisonna
sa politique, et le jésuite le Tel-
lier, qui égara sa conscience, jamais son règne n'eut été souillé
par la guerre de Hollande, par
l'incendie du Palatinat et par l'at-
tentat des dragonnades ; ce prince
prononçait quelquefois le mot de
nation, ce mot si neuf, ou du
moins si vague dans la langue du
despotisme ; et quand ses poètes
de cour lui disaient qu'il avait
droit de tout oser, l'opinion plus

14

souveraine que lui, le repoussait de son trône et opposait la loi de la nature à la honte de ses édits et au crime de ses manifestes.

Louis XV, aussi absolu de droit que son prédécesseur, ne pût jamais l'être de fait; le cri public limitait toujours l'étendue de ses impôts insolens : il cassait les parlemens sans s'en faire obéir : il chargeait un la Vrillière de titres et de cordons, quand le public le chargeait d'opprobre : il publiait des arrêts de mort contre les penseurs, et on imprimait dans sa capitale, l'esprit, l'histoire des deux Indes, l'Emile et le Contrat social.

Quelque contrée du globe que j'habite, si j'ai la sagesse de vivre obscur, si je me renferme dans la morale de la nature, si je ne porte pas près du trône et aux autels un front perturbateur, je suis sûr que des loix bonnes ou mauvaises me protégeront ; ennemi né de l'intolérance, je vivrais à Goa sans aduler le saint-office : portant le genre humain dans mon cœur, j'habiterais avec des cannibales, sans être puni de n'être pas antropophage.

L'homme n'a donc pas la perversité qu'indique la nullité de son ordre social ; il a adopté des cul-

15

tes de sang, et un dieu de paix lui reste; ses législations sont sans base et il respire sans remords, sous leur sauve-garde.

Je desirerais par conséquent que les propagateurs de ma république, sous prétexte d'amener l'ordre général des mondes, ne troublassent pas, sans espoir de succès, l'ordre factice des sociétés, et que la philosophie fût sans fanatisme, comme elle a toujours été sans faiblesse.

En attendant, le genre humain, grace au progrès insensible des lumières, marche avec lenteur, il est vrai, mais à pas sûr vers sa régénération : si c'est la raison seule qui fait sa conquête, il arrivera au but sans convulsions et sans secousse ; on ne sera pas obligé de profaner la cause auguste de la vérité, en lui donnant l'appui des factions, et la terre, comme un fleuve qui retrouve son lit, rentrera d'elle-même dans le sein de la nature.

Combien je désirerais que les hommes de bien de tous les cultes et de tous les gouvernemens, se réunissent pour accélérer l'époque de cette révolution auguste, et sur-tout pour l'accélérer sans crime! on trompe l'Europe quand on lui dit que c'est avec le fer qu'on lui donnera un âge d'or : des instrumens de meurtre et de destruction feraient rougir la raison de son triomphe ; c'est le contract social à la main, et non avec des bayonnettes qu'il faut renverser les trônes absolus ; c'est le livre de la tolérance qui doit servir de manifeste contre le sacerdoce, lorsqu'on voudra écarter le fléau des croisades et éteindre dans Conimbre et dans Goa la flamme des bûchers.

Un autre ouvrage philosophique manque à ce beau siècle de lumières, pour préparer la réé-

nération universelle, sans qu'il en
coûte à la génération qui l'opére-
ra. C'est celui où un sage tracera
à tous les hommes vertueux qui
la desirent, la chaîne de leurs devoirs ; où il indiquera le moment
où Brutus doit cesser de dormir ;
où il établira une ligne de démar-
cation entre une révolte coupable
et une insurrection généreuse ; où
suppléant au silence coupable de
toutes les législations. . . . Mais je
ne puis me faire entendre que
quand je vous aurai développé ma
théorie des trois morales.

De l'ANNEAU de GYGÈS.

Toute cette théorie sur le pacte social est austère sans doute ; cependant, mes amis, vous m'avez encouragé par le plus flateur des silences ; à peine aurais-je pu l'espérer dans le Portique d'Athènes, quand même je n'aurais eu pour auditeurs que des Zenon et des Anaxagore. Il est tems maintenant d'imiter un des élèves de Socrate, et de sacrifier aux graces. Les graces ne sont pas inconnues sur ce navire. J'es vois plus d'une qui daigne sourire à ma philosophie. Puissent les contes de mon hiver ne point effaroucher leur printems ! Au reste l'hommage que je leur rends, tout pur qu'il est, sera le dernier qui échappera à ma vieillesse.

Il y a beaucoup de fables dans la plus ancienne des histoires que le tems ait respectées, dans celle d'Hérodote. Les Grecs dont la belle imagination se plût à créer jusqu'à leurs dieux, aimaient à la rencontrer dans leurs annales : ils lisaient avec le plus grand intérêt les neuf muses de leur premier historien, malgré ses fables et peut-être à cause de ses fables.

Parmi les contes historiques d'Hérodote, celui de l'anneau de Gygès, commenté par un disciple de Socrate, a fait la plus grande fortune. Graces à l'esprit qu'on y voit étinceller, des poètes y ont rencontré le cadre de quelques pièces de théatre, et des philosophes celui de plusieurs dialogues; mais ce que tout le morde ignore, c'est que l'historien, et le philosophe son interprète, qui tous deux avaient emprunté l'idée primitive de l'anneau de Gygès d'un fragment inconnu de Phérécyde, l'ont

totalement dénaturé, en l'insé-
rant dans leurs ouvrages. Voici la
fiction originale, telle que je l'ai
rencontrée parmi les ruines d'un
antique tombeau du Péloponèse ;
vous serez bien surpris de voir que
Pherécyde n'a voulu que couvrir
du voile de l'allégorie, quelques
vérités hardies sur le pacte social

« Il n'y avait encore que vingt-
« cinq mille ans que le globe était
« peuplé, et les nations, sorties
« originairement des hauteurs du
« Caucase, en suivant l'océan à la
« trace de sa retraite, étaient par-
« venues jusqu'à la grande pénin-
« sule de l'Asie-mineure. Les

« tremblemens de terre à cette
« époque étaient très-fréquens,
« parce que le feu interne qui
« tourmentait les entrailles de la
« terre, s'échappait par un trop
« petit nombre de volcans : on
« bâtissait donc très-peu de grands
« édifices, le citoyen paisible qui
« s'y couchait le soir pouvant être
« enseveli le matin sous leurs dé-
« combres. Les villes étaient des
« amas de tentes, et c'était en
« campant, que les rois appre-
« naient à gouverner.

« Gygès, le vertueux Gygès
« venait de donner des loix à
« la Lydie : loix qui, n'ayant pas

« pour base une fédération d'in-
« térêts entre le monarque et les
« peuples, se corrompaient jus-
« ques dans leur germe ; un jour
« que le sage, inquiet des troubles
« de son pays, laissait un libre
« cours à ses sinistres rêveries, la
« terre trembla sous ses pas, et
« vomit au loin des tronçons de
« colonnes, et des décombres
« d'anciens tombeaux. Quand la
« nature fut plus tranquille, et
« que son esprit pût en partager
« la sérénité, il découvrit, en
« parcourant ces ruines, la moi-
« tié d'un colosse d'airain, cons-
« truit en forme de cheval et aux
« flancs duquel était une porte.

« Sa curiosité le presse encore
« plus vivement : la porte s'ouvre
« et il apperçoit un cadavre par-
« faitement nud, qui semblait,
« par sa taille, avoir appartenu à
« un être supérieur aux hommes.
« Le squelette avait au doigt un
« anneau d'or enrichi de diamans
« dont la lame intérieure portait
« cette inscription, en caractères
« primitifs : *J'ai servi à organi-*
« *ser le monde.* L'énigme lui pa-
« rut inexplicable ; mais pour y
« rêver plus à son aise, il emporta
« l'anneau.

« Sur le point de rentrer dans
« la ville qu'il habitait, il apper-

« cut ses concitoyens en alarmes
« à cause de la secousse terrible
« que les plaines voisines venaient
« d'essuyer : déjà il commençait
« à les rassurer par ses discours,
« quand, ayant tourné par ha-
« zard le chaton de sa bague de
« diamans dans l'intérieur de sa
« main, il reconnut qu'il était de-
« venu invisible. *Où est notre lé-*
« *gislateur,* disait l'un ; *sans dou-*
« *te,* disait l'autre, *un nouvel*
« *abîme s'est entr'ouvert pour*
« *l'engloutir ; non, non,* assurait
« un troisième, *Gygès avait de*
« *la vertu, et il est devenu dieu.*
« Comme quand il s'agit de mer-
« veilles la plus extravagante est

« toujours celle qu'adopte la mul-
« titude ; l'opinion du dernier fût
« bientôt l'avis général, et le peu-
« ple repéta, à l'unanimité : *ado-*
« *rons Gygès qui est devenu*
« *dieu.*

« Gygès retourna son anneau :
« alors le charme cessa et le dieu
« redevint homme.

« Tout le monde raisonna beau-
« coup sur cet évènement ; le sa-
« ge sur-tout qui connaissant le
« secret de son talisman, était
« plus près que personne de la so-
« lution du problème.

« Je soupçonne, dit Gygès en

« lui-même, que cet anneau a
« appartenu à un législateur : il
« a eu besoin de se rendre sou-
« vent invisible pour appercevoir,
« sans être assiégé de regards
« hypocrites, le jeu caché de ses
« loix ; il a eu besoin de devenir
« dieu, pour que la vanité des
« peuples pardonnât à un hom-
« me d'avoir créé le bonheur des
« hommes.

« Il n'y avait rien de si versa-
« tile que les loix de la Lydie.
« Gygès pressentit que pour leur
« donner quelque stabilité, sa
« vertu serait peut-être contrain-
« te de se voiler d'un peu de char-

« latanisme, et il garda pour lui
« sa découverte et son anneau.

« Le lendemain à la pointe du
« jour, il se présenta chez le grand
« prêtre de Cybèle : mais l'escla-
« ve lui dit que son maître n'é-
« tait pas visible, parce qu'il était
« en ce moment en grande con-
« férence avec la divinité dont il
« était le ministre. Le sage soup-
« çonnait depuis long - tems la
« vertu du pontife; pour éclaircir
« ses doutes, il se rend invisi-
« ble et pénètre dans l'intérieur
« de l'appartement. L'homme de
« dieu dormait en effet, mais
« d'un sommeil qui n'avait rien
« de

« de paisible, à côté d'une jeune
« Lydienne qu'il avait corrom-
« pue presqu'au pied des autels.
« Gygès était venu pour éclairer
« l'imposteur et non pour le con-
« fondre. Il sortit sans être ap-
« perçu et alla attendre son prê-
« tre sacrilège dans le temple, où
« il devait offrir ce matin même
« un grand sacrifice.

» Législateur, dit le pontife en
« l'appercevant dans le parvis,
« pardonnez si vous me voyez les
« yeux éteints et le visage livide.
« J'ai veillé toute la nuit avec Cy-
« bèle qui a honoré ce temple de
« sa présence : cette Cybèle, dont

Tome I.   K

« votre code consacre le culte,
« est une puissante divinité : elle
« m'a manifesté le grand secret
« de donner l'éternité à notre
« fragile gouvernement, c'est de
« mettre le trône dans la dépen-
« dance des autels.

« Gygès s'attendait à tant d'hy-
« pocrisie, mais il n'en fût pas
« moins révolté : dans les divers
« mouvemens qui lui échappè-
« rent pour composer son visage,
« le chaton de sa bague se tourna
« par hazard vis-à-vis du cœur
« du pontife. Alors celui-ci tint un
« autre langage.

« Ils étaient bien insensés les

« législateurs qui mirent le scep-
« tre au-dessous de l'encensoir!
« Ils ne prévoyaient pas que le
« sacerdoce, comme le lierre
« malfaisant, ne décorerait les
« murs de l'édifice social que
« pour le détruire.

« Gygès ne tarda pas à s'apper-
« cevoir de la propriété la plus
« merveilleuse de son anneau,
« de celle de forcer l'homme le
« plus dissimulé à démentir sa
« bouche en parlant la langue de
« son cœur. Pour s'assurer en-
« core plus du prodige, il tenta
« de nouvelles expériences.

« La bague changea de direc-

« tion, et le prêtre revenu à son
« état naturel, à l'hypocrisie, dit
« en s'adressant à la statue de
« Cybèle :

« Tu sais, puissante immortelle,
« combien ton culte m'est cher :
« la continence qu'exige la pureté
« de mon ministère, est pénible
« sans doute, mais en m'isolant
« ainsi de la société j'apprends
« mieux à la connaître : en ne lui
« tenant point par les passions j'y
« établis ma supériorité : si je fais
« divorce avec la nature, c'est
« pour me donner le droit de
« gouverner les hommes.

« L'anneau en ce moment était

« en regard avec le cœur du pon-
« tife sacrilège , et il en sortit ce
« pénible aveu.

« Gygès m'a donc cru au tem-
« ple , conversant avec une divi-
« nité , l'ouvrage de mes mains !
« Que les sages sont crédules !
« J'ai passé la nuit dans les bras
« d'une des graces ; avec quelle
« volupté ma main pétrit ce cœur
« ingénu , né à la fois pour les
« faiblesses de l'amour et pour
« celles de la crédulité : qui au-
« jourd'hui s'ouvre à la voix écla-
« tante du plaisir et demain dans
« le silence de mes sens , parlera
« au gré de ma politique la

K 3

« langue énigmatique des ora-
« cles !

« Gygès craignait de prolonger
« des aveux qui le faisaient rougir,
« et il se hâta de suspendre la
« vertu de son talisman.

« Il faut aux peuples, ajouta le
« pontife, un culte exclusif, des
« dogmes qui écrasent leur ima-
« gination, un appareil magnifi-
« que de prophéties et d'oracles.
« Eh ! de quel droit la philoso-
« phie viendrait-elle opposer à
« cette religion brillante qui parle
« aux sens, celle de la nature qui
« ne parle qu'au cœur ? Est-ce à
« la raison à circonscrire la toute

« puissance ? Qu'est-ce que l'opi-
« nion humaine en regard, avec
« la voix du ciel, qui s'annonce
« au bruit du tonnerre ?

« L'anneau tourné du côté du
« cœur sacerdotal sauva au phi-
« losophe le danger d'une ré-
« ponse.

« Sans doute, dit l'imposteur
« sacré, il faut lier la terre avec
« le ciel, par l'intermède d'un
« culte : mais c'est au souverain,
« c'est-à-dire au peuple assem-
« blé à construire le ciment. Si
« la religion de la nature est un
« pacte social entre dieu et l'hom-
« me, et que par conséquent elle

« doive rester inaccessible à tous
« les regards, la religion sociale,
« toute en appareil extérieur et
« en cérémonies, est un pacte pu-
« blic entre l'homme individuel
« et l'homme rassemblé en corps
« de nation, et la loi doit la sur-
« veiller. Tout dogme contraire à
« ce principe des sages gouver-
« nemens, est un blasphême du
« sacerdoce.

« Gygès, bien convaincu de la
« fourberie du prêtre de Cybèle,
« attendit que son siècle fût plus
« éclairé pour le démasquer sans
« danger aux yeux de la multi-
« tude, et s'en alla au palais des

« rois de Lydie, faire sur un cœur
« qui lui était bien cher, l'expé-
« rience de son anneau.

« Candaule régnait alors. Porté
« sur le trône au sortir du ber-
« ceau et appellé dieu par ses
« flatteurs, il ne se ressouvenait
« d'aucune époque de sa vie où
« il eût été homme : aussi regar-
« dait-il, malgré le code de Gy-
« gès, son état comme son patri-
« moine. Toute femme qui par-
« lait à ses sens, était forcée d'en-
« trer dans son serrail : tout su-
« jet qui lui résistait était envoyé
« au supplice.

« La favorite du tyran, depuis

« quelques jours, était Zulmé, la
« beauté la plus parfaite de l'A-
« sie : elle aimait en secret Gygès,
« dont elle avait été la pupille :
« Gygès qui, pendant que ses
« charmes se développaient en si-
« lence sous ses yeux, avait eu la
« délicatesse de ne profiter de
« son ascendant que pour former
« son cœur à la sagesse. Quant à
« Candaule, qui ne savait jouir
« d'une femme vertueuse que le
« poignard à la main, quoiqu'il
« lui laissât le titre et le rang de
« reine, elle ne le voyait qu'avec
« horreur. Le sage se doutait que
« la reconnaissance était le plus
« faible des sentimens qu'il avait

« inspiré à Zulmé ; mais impatient
« de lire son triomphe dans tous
« les replis de cette ame ingénue,
« il profita du privilège de l'in-
« visibilité, qu'il tenait de son
« anneau, pour traverser, sans
« être apperçu, les gardes et les
« eunuques qui en défendaient
« les approches. Zulmé en ce mo-
« ment était à genoux devant un
« portrait de Gygès qu'elle avait
« elle-même dessiné, et qu'elle
« baignait de ses pleurs : le mons-
« tre couronné, disait-elle, a
« beau me fatiguer de ses caresses
« adultères, il ne t'arrachera pas
« d'ici — et elle montrait son
« cœur au portrait.

« Quoique Gygès ne dût avoir
« aucun doute sur la franchise de
« sa pupille , il profita du désor-
« dre où était son ame et ses sens ;
« désordre qui l'empêchait de
« voir autre chose autour d'elle
« que l'amour et le portrait , pour
« diriger le chaton de sa bague
« vers son sein : mais l'épreuve
« répondit à son attente , et le
« cœur de Zulmé ne parla point
« d'autre langage que celui de sa
« bouche.

« O mon bienfaiteur , ô mon
« père ! disait l'infortunée reine
« de Lydie, j'étais à toi avant que
« Candaule m'entraînât expirante
                                    « à

« à l'autel : je n'ai point prononcé
« d'ailleurs devant les dieux un
« serment qu'ils auraient rejetté ;
« je ne contracterai jamais d'au-
« tre hymen que celui que la na-
« ture avoue, l'hymen qui ré-
« sulte du pacte tacite entre ton
« cœur et le mien. L'union qui
« m'a donné un trône, ne sera
« pour moi, jusqu'à ma mort qui
« s'approche, qu'un grand sacri-
« lège.

« L'ame sensible de Gygès n'au-
« rait pu soutenir long-tems un
« pareil spectacle. Il se hâta de
« quitter Zulmé, qui n'avait vu
« que son image, et vint faire sur

Tome I.   L

« l'ame d'airain du roi de Lydie
« la dernière expérience de son
« anneau.

« Gygès, dit Candaule en l'ap-
« percevant, tes loix m'importu-
« nent : elles ont été sur le point
« de briser les nœuds qui me
« lient à ta pupille : je ne veux
« pas qu'il se trouve un pou-
« voir entre mes sujets et moi :
« rends-moi mon trône et abroge
« ta législation. ——

« Seigneur, avant cette législa-
« tion, que la Lydie m'a deman-
« dée, il existait sur toute l'éten-
« due du globe, un pacte social
« entre les rois et leurs peuples.

« Ce pacte vous enjoint d'être
« juste, et ne met qu'à ce prix
« l'obéissance de la Lydie. —

« Aucun pacte ne me lie à ma
« propriété. Monté sur le trône au
« sortir du berceau, j'ai reçu des
« sermens et n'en ai point pro-
« noncé. —

« Mais votre père, que sa vertu
« fit notre premier roi, s'était en-
« gagé avec ceux qui l'élurent, à
« les protéger et à les rendre heu-
« reux. Il stipula alors pour vous,
« et pour toute sa postérité. Ce
« n'est pas là l'engagement d'un
« homme couronné, c'est celui
« du trône. Examinez tous les

La

« empires de la terre, suivez tou-
« tes les filiations de ses rois, il
« faut toujours remonter à une
« tige, qui tient ses droits ou de
« son épée ou de l'élection libre
« des peuples. Dans le premier
« cas il n'y a point de pouvoir lé-
« gitime : dans le second, il y a
« un pacte, et ce pacte lie tous
« ceux qui occupent le trône,
« jusqu'à la dissolution de la mo-
« narchie. —

« Gygès est un sophiste auda-
« cieux, qui sème dans des es-
« prits inquiets le germe des re-
« bellions. —

« En ce moment l'anneau fut

« dirigé vers le cœur du monar-
« que, et il changea ainsi de lan-
« gage :

« Gygès est un sage qui fait
« entendre aux peuples une vé-
« rité qui m'importune. —

« La bague enchantée reprend
« sa direction ordinaire.

« Écoute, Gygès, tu formas le
« cœur de l'unique femme que
« j'aie aimée : juge de la grandeur
« de ma reconnaissance : je te
« pardonne. —

« Le talisman se reporte du
« côté du cœur de Candaule.

« Gygès, je te hais, parce que
« tu me commandes d'être juste:
« je te hais encore plus, parce
« que Zulmé t'aime. Je n'ose te
« punir comme roi, parce qu'il
« pourrait m'en coûter ma cou-
« ronne ; mais je vais te frapper
« comme amant de ta pupille.
« Tous ces voiles que ta vertu
« laissait subsister entre Zulmé
« et toi, vont tomber. Tu connaî-
« tras la grandeur des jouissances
« que tu as perdues, et les tour-
« mens de ton cœur déchiré, suf-
« firont en ce moment à ma ven-
« geance. ——

« Candaule, pendant que la

« sage retournait son anneau, eut
« le tems de composer son visa-
« ge : il prit, avec une sérénité
« perfide, la main de Gygês, la
« pressa dans les siennes, et em-
« ploya tous les ressorts de l'élo-
« quence la plus insidieuse, afin
« de l'engager à conspirer avec
« lui contre la prospérité de
« la Lydie. Comme le philosophe
« gardait un silence absolu, le
« tyran changea avec art d'entre-
« tien, fit l'éloge le plus accompli
« des charmes de Zulmé, et pour
« convaincre Gygès, qu'en qua-
« té d'ami de son cœur, il le re-
« gardait comme un autre lui-
« même, il lui proposa de lui

L 4

« montrer sa pupille sans voile, et
« telle que la déesse de la beauté
« parut, quand elle sortit du sein
« de l'onde qui l'avait fait naître.
« Le sage rougit, et la tyrannie de
« Candaule interpréta à son gré
« cette espèce de réponse.

« Au signal du monarque, deux
« femmes amènent la reine de
« Lydie et lui arrachent tous les
« vêtemens qui servaient de sau-
« ve-garde à sa timide innocence.
« Au moment où le dernier voile
« allait disparaître, elle apperçoit
« Gygès ; un froid mortel s'empa-
« re de ses sens, elle chancèle et
« tombe évanouie.

« Homme barbare, dit le sage,
« ne crois pas me rendre com-
« plice de la profanation de tant
« de charmes. Tu vois cet anneau
« de diamans, que j'ai trouvé au
« milieu des ruines dont la terre,
« en s'entr'ouvrant, a entouré ta
« capitale, il a la vertu de ren-
« dre invisible celui qui sait le di-
« riger ; et pour sauver à la plus
« vertueuse des femmes l'oppro-
« bre de rougir devant moi, tu vas
« me voir disparaître. —

« Candaule vit ce prodige et
« son cœur resta le même. Per-
« suadé que les décombres où
« Gygès avait trouvé sa bague
« renfermaient d'autres trésors

« utiles à son despotisme, il y
« courut avec ses gardes. C'était
« là que la justice céleste l'atten-
« dait. La terre trembla avec plus
« de violence que jamais, s'ouvrit
« devant lui, et l'engloutit dans
« ses abîmes.

« Cependant Zulmé revenue de
« son sommeil de mort, regarda
« autour d'elle, ne vit plus Gy-
« gès, et fière d'avoir été respec-
« tée, reprit sans rougir ses vête-
« mens. Quand elle fut dans cet
« état de décence, où la beauté
« n'a plus à craindre d'être ou-
« tragée par les regards, le sage
« parut tout d'un coup devant
« elle, lui expliqua la magie de

« son anneau et lui apprit la mort
« du tyran.

« O mon bienfaiteur, dit la sen-
« sible Zulmé, en tombant aux
« pieds du philosophe, ce der-
« nier trait de ta vertu m'enchaî-
« ne à jamais à toi : voilà ma main.
« viens à l'autel et sois heureux,

« Gygès mouilla cette main des
« larmes de la reconnaissance ; il
« alla au temple avec Zulmé et il
« fût roi.

« Mes enfans, dit-il au peuple
« assemblé, cet anneau m'a ap,
« pris qu'il n'y avait point de
« bonheur pour l'homme indivi-
« duel, sans un pacte tacite avec

« dieu : point de jouissance pour
« l'homme en famille, sans le
« pacte qui lie le cœur de l'é-
« pouse à celui de l'époux: point
« de sûreté pour l'homme ras-
« semblé en corps de nation, sans
« le pacte qui enchaîne le roi et
« ses sujets. Remercions le ciel de
« ce grand trait de lumières et
« faisons du pacte social la base
« de notre législation.

FIN DU PREMIER VOLUME.